GESTÃO PLENA DA TERCEIRIZAÇÃO

O Diferencial Estratégico

Newton Saratt

Adriano Dutra da Silveira

Rogério Pires Moraes

Copyright © 2008 Newton Dorneles Saratt, Adriano Dutra da Silveira
e Rogério Pires Moraes

Todos os direitos desta edição reservados à Qualitymark Editora Ltda.
É proibida a duplicação ou reprodução deste volume, ou parte do mesmo,
sob qualquer meio, sem autorização expressa da Editora.

Direção Editorial	Produção Editorial
SAIDUL RAHMAN MAHOMED editor@qualitymark.com.br	EQUIPE QUALITYMARK

Capa	Editoração Eletrônica
ANA CAROLINA ALEIXO LIMA	EDEL

CIP-Brasil. Catalogação-na-fonte
Sindicato Nacional dos Editores de Livros, RJ

S247g

Saratt, Newton Dorneles
    Gestão plena da terceirização: o diferencial estratégico/
Newton Dorneles Saratt, Adriano Dutra da Silveira, Rogério
Pires Moraes – Rio de Janeiro: Qualitymark, 2008.
    112p.

    Inclui bibliografia
    ISBN 978-85-7303-798-2

    1. Terceirização – Brasil. 2. Administração de empresas.
I. Silveira, Adriano Dutra de. II. Moraes, Rogério Pires. III.
Título.

08-2229

CDD: 658.404
CDU: 658.012.3

2008
IMPRESSO NO BRASIL

Qualitymark Editora Ltda.
Rua Teixeira Júnior, 441
São Cristóvão
20921-405 – Rio de Janeiro – RJ
Tels.: (0XX21) 3295-9800 ou 3860-8422

Fax: (0XX21) 3295-9824
www.qualitymark.com.br
E-mail: qualitymark.com.br
QualityPhone: 0800-263311

GESTÃO PLENA DA TERCEIRIZAÇÃO

O Diferencial Estratégico

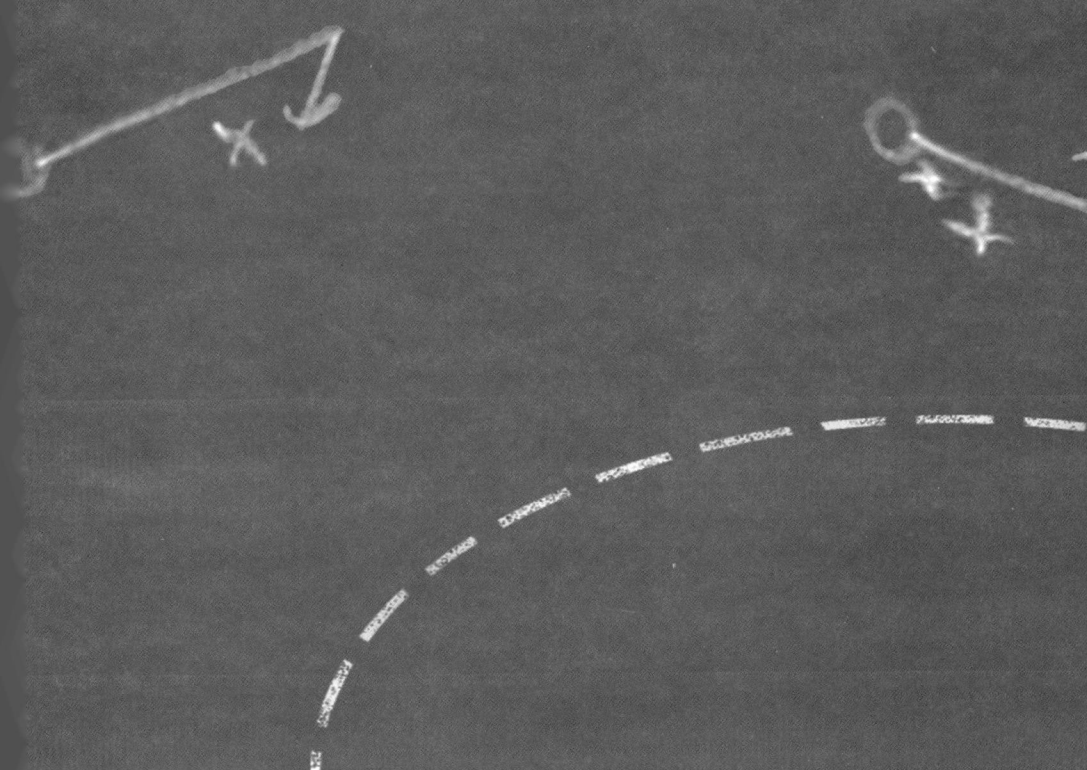

Prefácio

A terceirização é hoje uma prática plenamente consolidada no meio empresarial, tanto no Brasil como no resto do mundo. Indispensável à manutenção da competitividade das empresas, a terceirização está presente nos mais variados setores da economia e em diversas etapas do negócio de cada empresa. Ainda assim, sua gestão carece de maior atenção por parte dos empresários, que ainda cometem muitos erros na sua implantação e na política de relacionamento com os terceiros. Faz-se necessária uma maior profissionalização do processo, sob pena de a terceirização tornar-se um ônus, e não uma ferramenta lucrativa, perdendo, assim, sua razão de existir.

Neste livro, Newton Saratt, Adriano Dutra da Silveira e Rogério Pires Moraes, três dos maiores especialistas em terceirização no Brasil, mostram ao leitor como implantar a gestão plena da terceirização em suas empresas.

Sinto-me ao mesmo tempo honrado e à vontade ao prefaciar esta obra, uma vez que tenho a oportunidade de conhecer na prática o trabalho da Saratt, empresa da qual os autores são diretores. Vale lembrar que Newton Saratt foi um dos precursores da sustentação jurídica da terceirização, na década de 90, junto à empresa Riocell, de Guaíba (RS), onde o termo terceirização foi criado, segundo atesta a revista Exame em sua edição comemorativa de 35 anos, publicada em 15 de maio de 2002.

Hoje, a Saratt é parceira da TGestiona, empresa que dirijo e que integra o Grupo Telefônica. A TGestiona foi criada em 2001 para atender às empresas do Grupo Telefônica e atualmente possui operações no Brasil, Espanha, Argentina, Peru e Chile. No Brasil possui 1.200 empregados e faturou R$145 milhões em 2007. Atualmente, além de atender às empresas do Grupo Telefônica, a TGestiona oferece ao mercado externo todo o seu *know-how* nas áreas de gestão de recursos humanos, soluções logísticas, imobiliárias, econômico-financeiras e em tecnologia e informação.

Por meio de uma parceria estratégica, a TGestiona e a Saratt estão reunindo sua *expertise* e oferecendo ao mercado o inédito produto denominado gestão plena da terceirização, que dá nome a este livro e que tem o potencial de revolucionar a gestão da terceirização como hoje é praticada na maioria das empresas.

Além de apresentar a gestão plena da terceirização e suas vantagens, esta obra tem o inestimável valor de oferecer aos leitores um diagnóstico da terceirização no Brasil, remetendo-nos a seus primórdios e projetando cenários para seu futuro. Também é feita uma meticulosa análise de seus aspectos jurídicos, incluindo o que há de mais recente em termos de decisões judiciais. Vale destacar que os autores não se detêm no campo teórico, aprofundando os aspectos práticos da terceirização e explicando com riqueza de exemplos reais os problemas e desafios da terceirização no Brasil.

Considero esta obra indispensável aos gestores de empresas que já adotaram a terceirização como filosofia empresarial ou sentem a necessidade de investir nessa prática como forma de aumentar seus ganhos competitivos, assim como a profissionais da área jurídica, prestadores de serviços, estudantes de Direito e de Administração, entre outros. Certamente a leitura de *Gestão Plena da Terceirização* abrirá novos horizontes para todos.

Clovis Azeredo Travassos Filho
Diretor-Geral da TGestiona Brasil.

Sumário

Prefácio V

Introdução, IX

Capítulo 1 – O fenômeno da terceirização e suas vantagens, 1

Capítulo 2 – A transferência de atividades e tecnologia, 9

Capítulo 3 – Desafios atuais da terceirização, 21

Capítulo 4 – Gestão com resultados, 29

Capítulo 5 – Empresabilidade na gestão de serviços, 35

Capítulo 6 – A quarteirização e o Ciclo ACD de serviços, 39

Capítulo 7 – A gestão plena da terceirização na prática, 53

Capítulo 8 – O cenário jurídico da terceirização, 71

Capítulo 9 – O desenvolvimento da terceirização na área de RH, 91

Referências, 97

Sobre os autores, 99

Introdução

Uma pesquisa realizada em 2006 mostrou que 86% das empresas brasileiras praticam a terceirização e para 92% delas a terceirização é um instrumento que moderniza os negócios. O crescimento da terceirização é tão significativo que tende inclusive a alcançar áreas estratégicas das organizações.

Iniciada já na década de 60, a terceirização ganhou fôlego nos anos de 1980 e, como demonstra a pesquisa mencionada, hoje ninguém duvida de que terceirizar é uma necessidade para a manutenção e ampliação da competitividade das empresas. No entanto, paradoxalmente, esta ferramenta de gestão ainda é utilizada pela maioria das empresas de maneira inadequada, por vezes acarretando prejuízo, na forma de ações judiciais e geração de um enorme passivo trabalhista.

Esta constatação foi o principal motivo que nos levou a escrever este livro. Como advogados e consultores empresariais, temos acompanhado a trajetória da terceirização no Brasil há duas décadas e já analisamos este cenário em quatro diferentes obras, focando a terceirização por meio de cooperativas de trabalho, a quarteirização, a transferência de atividades e tecnologia e a empresabilidade na gestão de serviços.

Neste quinto livro, nos dedicamos a abordar os desafios que a terceirização enfrenta na atualidade e propor um modelo de gestão capaz de solucionar os problemas verificados na maioria das organizações que praticam a terceirização.

A gestão plena da terceirização, como denominamos este modelo, defende uma atuação proativa por parte do gestor da terceirização, que hoje ainda é muito mais um gerenciador do que propriamente um gestor, mais um solucionador de problemas do que um profissional com visão estratégica. Verificamos que grande parte das organizações carece de normas e procedimentos para orientar os gestores nesse sentido e que o desconhecimento, até mesmo de regras básicas de relacionamento com os terceiros, é extremamente comum. Isso cria uma série de vulnerabilidades na empresa, que poderiam ser facilmente evitadas com um sistema adequado de gestão de contratos e terceiros.

Na tarefa de produzir este livro, contamos com a importante colaboração de Luiz Ciocchi, consultor da TGestiona e presidente do Instituto para o Desenvolvimento Socioambiental (IDeSA), autor do Capítulo 9. Ao longo de sua carreira, Ciocchi foi executivo de RH de várias empresas nacionais e multinacionais, presidente da ABRH-Nacional e da ABRH/SP, presidente da Federação Interamericana de Administração de Pessoal (FIDAP), presidente e fundador da União dos Países de Língua Portuguesa para RH (UALPRH) e secretário da Administração Federal na gestão de João Mellão Neto no Ministério do Trabalho e Emprego (MTE), durante o governo Collor.

Também tivemos o apoio da consultora de projetos da Saratt Gestão de Serviços Ana Lúcia Moreira, que colaborou no Capítulo 7. Ana Lúcia é administradora de empresas formada pela PUC-SP, pós-graduada em Marketing pela FAAP e em Análise de Sistemas pela FECAP, além de possuir MBA em Gestão Empresarial pela Fundação Dom Cabral e mais de 18 anos de atuação em empresas de grande porte. Não podemos deixar de mencionar ainda todos os empresários e gestores de empresas junto às quais temos atuado, que nos proporcionaram o ambiente onde vivenciamos a terceirização na prática.

Queremos mais uma vez destacar que acreditamos na terceirização como uma excelente e indispensável ferramenta de gestão. Estamos seguros de que se esta ferramenta ainda não atingiu todo seu potencial, isto se deve à falta de bases mais seguras para que ela possa se desenvolver, com a qualificação dos gestores e dos terceiros e a implementação cada vez mais abrangente de uma gestão por resultados. Com este livro, esperamos dar nossa contribuição nesse sentido.

Newton Saratt
Adriano Dutra da Silveira
Rogério Pires Moraes

1

O Fenômeno da Terceirização e suas Vantagens

O termo terceirização foi criado a partir da pioneira experiência da empresa Riocell, de Guaíba, no Rio Grande do Sul, na sustentação jurídica da compra de serviços como atividade legítima. Durante um certo tempo, alguns relutaram em adotar o termo terceirização, preferindo palavras como subcontratação etc. Porém, a terceirização impôs-se não apenas como palavra, mas, fundamentalmente, como conceito e filosofia na gestão de empresas.

Ainda que o termo terceirização tenha se consolidado a partir do final dos anos 80, a prática desta modalidade de contratação já vem ocorrendo no mundo empresarial desde a segunda metade do século XX. Podemos localizar na indústria norte-americana, a partir da década de 50, os primeiros exemplos de compra reiterada de serviços especializados. No Brasil, essa ferramenta de gestão começou a ser usada por volta da década de 60, com o advento das montadoras de automóveis. A indústria automobilística adquiria componentes de diversos fornecedores, concentrando-se na montagem dos veículos, processo que evoluiu, intensificou-se e hoje já está sendo ultrapassado.

É possível traçar o histórico resumido da terceirização a partir de uma idéia de evolução. As empresas que pioneiramente iniciaram o processo de desverticalização de suas atividades, através de contratações esporádicas, impostas por necessidades mercadológicas e desacompanhadas de uma análise estratégica ou de uma filosofia da organização, concentravam o foco das contratações basicamente sobre atividades regulamentadas, tais como vigilância, conservação e limpeza.

Nesse sentido, podemos citar os Decretos nº 1.212/66 e nº 1.216/66, os quais permitiam aos bancos que contratassem serviços de segurança a serem prestados por empresas particulares, provocando a criação de uma significativa quantidade de empresas voltadas ao atendimento dessa modalidade de serviços às instituições bancárias.

Tempos depois, foi editado o Decreto nº 62.756/68, que normatizou a criação e o funcionamento de agências de colocação ou intermediação de mão-de-obra, tornando lícita a contratação de trabalhadores em tais moldes. Essa modalidade de contratação não se configura como terceirização autêntica, mas deve ser destacada como importante marco inicial na legislação acerca da contratação de terceiros, tendo sido a pedra fundamental para que posteriormente fosse editada a Lei nº 6.019/74, que rege a contratação de trabalho temporário, tida por consagrados juristas, como José Janguiê Bezerra Diniz (1999, p. 15) e Sérgio Pinto Martins (2000, p. 121), como a primeira norma jurídica que efetivamente tratou da terceirização, embora não utilizando tal neologismo.

INTERNALIZAÇÃO DA TERCEIRIZAÇÃO

O segundo momento desse mecanismo evolutivo iniciou quando, a partir do início dos anos 80, algumas companhias ampliaram a gama de atividades contratadas e passaram a se relacionar com prestadores de serviços fora de seu ambiente, de forma que o terceiro não permanecesse visível ao seu público interno e até mesmo ao poder público fiscalizador, como, por exemplo, nos casos de serviços de transporte e vendas. Pressionadas pela necessidade de rever custos, retirando da cadeia produtiva todas as atividades que representassem despesas e que não agregassem valor ao resultado final da operação, as empresas ampliaram a contratação de serviços, iniciando-se um processo de internalização da terceirização, em que o prestador de serviços passou a dividir o espaço físico do próprio tomador. Essa alternativa também permitia a redução de despesas pela utilização, por parte do terceiro, das estruturas internas da empresa tomadora, tais como refeitório e vestiário, além da eliminação de etapas que agregavam custos aos processos, como transporte de materiais.

Após atingir a consagração no ambiente empresarial e jurídico, na metade da década de 90, em especial com a publicação do Enunciado de Súmula nº 331 do Tribunal Superior do Trabalho (TST), a transferência de serviços a terceiros passou a abarcar uma gama de atividades tidas como mais nobres nos processos desenvolvidos pelas entidades contratantes, exigindo-se um novo perfil do terceiro, que deveria passar a ser especialista.

CÉLULAS DE PRODUÇÃO

Podemos observar que a terceirização vem avançando, sempre com o objetivo de serem obtidos resultados ainda mais significativos, sobretudo nas grandes organizações corporativas, nas quais há intensa compra de serviços e necessidade de produção em larga escala por meio de um processo de "sintonia fina" entre os parceiros. Um exemplo desse novo estágio ocorre no segmento automotivo, no qual as modernas montadoras, e não mais fábricas de automóveis, como a da Renault, em São José dos Pinhais (PR), a da Volkswagen, em Resende (RJ), e a da General Motors, em Gravataí (RS), praticam a contratação de parceiros na forma de "sistemistas", que funcionam como células de produção, representando uma evolução do processo. Nesse modelo, o terceiro está localizado no ambiente do tomador de serviços, em um processo que faz parte da filosofia da empresa contratante, havendo grande especialização por parte do prestador de serviços. Nesse caso, ambas as parceiras obtêm ganhos competitivos na redução de custos com estoques, expedição e transporte, entre outros.

As constantes mudanças mercadológicas, decorrentes da necessidade de adaptação à globalização dos mercados, acirraram a competição e hoje é difícil imaginar uma organização que não realize alianças estratégicas e que não delegue a terceiros parte do que compõe o seu negócio (serviços ou produtos), em busca de maior qualidade e especialização na cadeia de relacionamentos, visando à obtenção de melhores resultados.

É fato que os acontecimentos no âmbito empresarial e, portanto, no âmbito do trabalho sofrem grandes influências do mercado em que estão inseridos e da necessidade de remunerar o capital que os sustenta. Este, aliás, muitas vezes sequer se relaciona com a comunidade na qual o empreendimento está inserido, como é o caso das sociedades anônimas, cujas ações são comercializadas em bolsas de valores a investidores que poderão se encontrar do outro lado do planeta.

É conseqüência desse novo cenário a necessidade de profissionalização da cadeia de relacionamentos no mundo empresarial, na qual todos precisam evoluir e dar a sua contribuição para a melhoria dos resultados

dos empreendimentos e para a garantia dos postos de trabalho gerados pelo exercício da atividade econômica.

Outras alternativas também estão surgindo na busca pela competitividade, como, por exemplo, a terceirização por meio de cooperativas de trabalho, que oferecem custos mais competitivos do que as empresas mercantis, embora em muitos casos sejam utilizadas de maneira fraudulenta e desvinculada de seus objetivos sociais e econômicos.

Diversas organizações vêm ampliando seus processos de terceirização e readequando suas relações, nas quais o tomador de serviços não delega apenas a execução, cabendo ao prestador também a responsabilidade na gestão e o compromisso nos resultados dos negócios. O sucesso ou o fracasso não será somente dos acionistas ou dos empregados da contratante, mas de todos aqueles que, direta ou indiretamente, participam da cadeia. Nesse novo modelo, a figura do contratado ultrapassa os limites de mero prestador de serviços, assumindo integralmente ou em parte um processo produtivo e dividindo responsabilidades pelo resultado do empreendimento. Isso representa uma verdadeira mudança de concepção da terceirização até aqui praticada.

A partir da análise de cenários do Brasil e do mundo, podemos afirmar que a terceirização não se esgotou nem ficou paralisada. Muito pelo contrário, está em constante evolução e é a responsável pela sobrevivência de diversas organizações.

AS VANTAGENS DA TERCEIRIZAÇÃO

A utilização cada vez mais intensiva da terceirização no ambiente empresarial por si só comprova sua importância e o valor por ela agregado a toda a cadeia produtiva, que varia constantemente à medida que o processo vem evoluindo. Os ganhos oscilam de acordo com a realidade interna ou mercadológica do segmento empresarial. Fatores como posição da empresa no mercado, setores e intensidade com que a terceirização é praticada, elementos externos, saúde financeira e economia de mercado fazem com que o processo de contratação de serviços especializados tenha de ser reavaliado de modo permanente.

Historicamente, as empresas buscavam com a terceirização atingir a redução imediata de custos através da substituição de empregados por prestadores de serviços, eliminando níveis hierárquicos e reduzindo a folha de pagamento. A prática demonstra que esse mecanismo não se sustenta a médio prazo, pois potencializa a geração de subempregos pela redução salarial e acirra conflitos, fragilizando o processo perante a sociedade. Atualmente, pela necessidade de implementação de mudanças contínuas em um mercado cada vez mais competitivo, as empresas precisam concentrar sua energia naquilo que lhes gera riqueza, seu *core business*, ser mais ágeis, menos burocráticas e contar com uma estrutura interna mais enxuta, agregando novos benefícios que justificam a manutenção e a intensificação do processo de terceirização.

Como atesta a reportagem *Terceirizando o Mundo*, publicada em abril de 2008 no jornal Salavip, "o tempo passou e hoje a terceirização não é algo exclusivo de grandes empresas. Números do Outsourcing World Summit, realizado em Orlando, revelaram que o setor de terceirização cresceu 300% de 2003 a 2005 em todo o mundo e empresas de *outsourcing* deverão empregar mais de 3 milhões de pessoas até 2015. (...) No entanto, a terceirização atingiu um nível de especialização tão alto que muitas empresas hoje estão terceirizando partes do seu negócio central, o chamado KPO (*Knowledge Process Outsourcing*). (...) Segundo uma pesquisa da consultoria KPMG, o setor de KPO deve movimentar cerca de US$ 1 bilhão até 2010. Para Bob Hayward, diretor da KPMG, "o KPO marca a evolução da terceirização, migrando da periferia para o centro da empresa".

O que as Empresas Buscam Hoje com a Terceirização?

1. Redução estrutural de custos não atrelada aos salários praticados

As empresas aprenderam que terceirizar simplesmente para reduzir salários e achatar benefícios não é um bom negócio – é o que chamamos de poupança burra: pode-se ter uma redução imediata de custos, com a precarização das relações de trabalho, mas mais adiante paga-se a conta, na forma de geração de passivo e ineficiência operacional. Portanto, o que se busca hoje é uma redução estrutural, ou seja, no momento em que se cortam níveis hierárquicos e a energia é concentrada na atividade empresarial, ganha-se força, mobilidade e eficiência operacional para enfrentar as sazonalidades do mercado.

2. Redimensionamento do quadro de empregados

Ano após ano, as organizações buscam o atendimento das demandas com maior eficiência e menor custo. Visando o atingimento de metas e a compensação das carências de *headcount*, a contratação de prestação de serviços especializados apresenta-se como solução, substituindo-se custos fixos por variáveis com maior grau de especialização no negócio.

3. Redefinição do negócio e o surgimento de novas vocacionalidades

Hoje é muito difícil, inclusive para os próprios acionistas de um conglomerado industrial, definir qual é o seu negócio. Freqüentemente o grupo empresarial se posiciona em um conceito de *holding*, alternando-se metas de *status*. Em alguma linha de ação, o importante é a performance de escala, trabalhando-se o nível de ranqueamento. Em outros setores do negócio, a meta é a rentabilidade. Assim, com a terceirização, conquista-se flexibilidade na ação em relação à política de relacionamento com os terceiros: abastecimento, produtividade, linha de produção, etc.

4. Redimensionamento do enquadramento sindical de colaboradores internos

Quando se tem uma "empresa Rambo", que faz tudo de tudo e é extremamente verticalizada, pode ocorrer naturalmente um conflito de representatividade na base sindical profissional, com diversas políticas remuneratórias, planos de benefícios e pulverização de datas-base. Ao terceirizar, como filosofia empresarial, passando a realizar de maneira direta apenas os serviços vinculados ao negócio principal, redimensiona-se o universo dos empregados, privilegiando-se a centralização do enquadramento sindical.

5. Flexibilidade contratual e remuneração por performance

É uma mudança de cultura em relação à política de contratação. É comum tratar-se o contrato como sendo uma ferramenta utilizada para a solução de conflitos de interesses. Hoje, no entanto, os contratos estão se tornando extremamente ricos em cláusulas de normas técnicas e operacionais, especificando a execução dos serviços com indicadores qualitativos e quantitativos e acordos de nível de serviço (SLA), transformando-se em poderosos instrumentos de aferição do relacionamento. Também é usual se estabelecer um plano de convivência e um plano de contingenciamento de ações entre tomador e prestador dos serviços, mas o instrumento contratual está migrando do foco do conflito para o da convergência de interesses, atuando numa linha de homologação e qualificação do relacionamento.

6. Revisão tributária

A pulverização das atividades entre várias empresas permite que elas possam se enquadrar, de acordo com o segmento em que atuarão e o nível de faturamento, em legislação que faculte o recolhimento tributário simplificado e unificado, reduzindo significativamente o custo da operação.

A cadeia de benefícios estruturais está proporcionalmente vinculada ao grau de intensidade da prática da contratação de terceiros, auferindo-se maiores ou menores dividendos conforme o estágio de cada processo. É certo que aqueles que praticam a terceirização de forma intensiva, como filosofia empresarial, obtêm resultados bem mais significativos do que aqueles que a delegam de maneira esporádica ou isolada.

2

A TRANSFERÊNCIA DE ATIVIDADES E TECNOLOGIA

Em seu processo evolutivo, a terceirização passou a estar presente nas mais variadas atividades das empresas. Com o objetivo de facilitar a identificação das diferentes modalidades praticadas atualmente e de tornar mais clara e didática a compreensão do uso dessa ferramenta de gestão, propomos dois tipos de classificação: quanto à forma e quanto ao objeto (Saratt et al., 2000; Silveira et al., 2002).

CLASSIFICAÇÃO DA TERCEIRIZAÇÃO QUANTO À FORMA

Terceirização Externa

Neste tipo de terceirização, os prestadores de serviços estão localizados fora das instalações da empresa tomadora. Esta é a forma mais antiga e tradicional de terceirização.

Terceirização Interna

O que caracteriza a terceirização interna é o fato de o prestador de serviços encontrar-se no espaço físico do tomador, trabalhando no mesmo ambiente e dividindo responsabilidades. Manutenção mecânica e elétrica, controle de estoques, almoxarifado, expedição, embalagem e limpeza industrial são exemplos de atividades comumente delegadas a terceiros que compartilham o espaço físico da empresa contratante. Hoje, a terceirização interna é a modalidade mais praticada. Ela gera maior agilidade e redução ou compartilhamento de custos, além de permitir maior sinergia entre os envolvidos. É preciso, no entanto, tomar uma série de cuidados no manejo, diferenciados em relação à terceirização externa.

CLASSIFICAÇÃO DA TERCEIRIZAÇÃO QUANTO AO OBJETO

Terceirização de Serviços

Também chamada de compra de serviços pura, esta foi a primeira forma de terceirização utilizada. Nesse caso, o objeto do contrato é exclusivamente a execução de serviços, sem o envolvimento de qualquer espécie de insumos ou equipamentos. Na terceirização de serviços, a responsabilidade do prestador resume-se à realização das atividades contratadas. Serviços de limpeza, jardinagem e segurança são os exemplos mais comuns.

Terceirização de Serviços e Materiais

O aumento no grau de especialização de serviços fez com que naturalmente surgisse, de maneira agregada, a inclusão dos insumos necessários para sua realização. Pode-se dizer, portanto, que a terceirização de serviços e materiais se desenvolveu a partir do crescimento da terceirização para além da compra de serviços pura e simples.

O grande diferencial dessa modalidade é a mudança no perfil do terceiro, que teve de passar a ser um gestor da atividade, e não mais um mero executor. Outra novidade é a maior exigência quanto à garantia de qualidade, pois o que está sendo fornecido também é insumo, como, por exemplo, componentes para indústrias.

Terceirização de Serviços e Equipamentos

A fim de viabilizar o serviço que está sendo vendido, muitas empresas precisam agregar a suas atividades o fornecimento do maquinário e dos demais equipamentos fundamentais à execução correta e mais eficiente do contrato. Isso ocorre, por exemplo, na terceirização da colheita de lavouras quando, além dos operadores, a empresa também fornece as máquinas agrícolas.

Em diversos casos, é a própria tomadora quem cede ou vende equipamentos ociosos a empresários, muitas vezes ex-empregados, com espírito empreendedor e tecnologia para fornecer produtos e serviços, mas sem capacidade econômica para adquirir máquinas e equipamentos.

Terceirização Plena ou Transferência de Atividades e Tecnologia

O nome terceirização plena advém do fato de o executante da atividade ser o responsável pela execução, pela tecnologia empregada e pela gestão integral da atividade contratada. É o que ocorre em empresas como Nike, Adidas e Alpargatas, no setor calçadista, que repassam a terceiros a execução e a administração do processo produtivo.

A terceirização plena, que denominamos transferência de atividades e tecnologia, teve origem com a necessidade de reestruturação das empresas pela descentralização da atividade produtiva. Do ponto de vista da terceirização, o que antes era considerado atividade vocacional da empresa, como a produção, até então intocável, passa a ser transferido a terceiros-parceiros.

Conforme já salientamos, a terceirização via transferência de atividades e tecnologia representa uma mudança de cenário em três níveis: o primeiro é uma mudança conceitual interna do próprio processo de terceirização, passando de uma compra de serviço para uma compra de produto através de parceria. O segundo diz respeito à alteração no grau de responsabilidade dos parceiros, que passam a compartilhar deveres e riscos do empreendimento. O terceiro resulta em um novo enquadramento jurídico desse tipo de vínculo, uma vez que não se trata mais de uma situação de prestação de serviços, e sim de parceria empresarial.

Essa prática vem avançando para os mais diversos setores da economia. O conceito da fábrica dentro da fábrica instalou-se, por exemplo, nas indústrias têxtil, calçadista, de alimentos, de bebidas e de material de higiene, entre outras. Na prática, estabelece-se uma espécie de consórcio, no qual diversas empresas utilizam as mesmas instalações e obtêm redução de custos pelo uso compartilhado de alguns espaços e serviços, como vestiários, limpeza, segurança, transporte e alimentação. Nesse modelo, também é possível a adequação do fornecimento às necessidades da parceira contratante, evitando-se desperdícios com estoques desnecessários e eliminando-se a perda de tempo e os custos com transporte. Mais do que isso, existe

Gráfico 2.1. A Nova Era da Terceirização

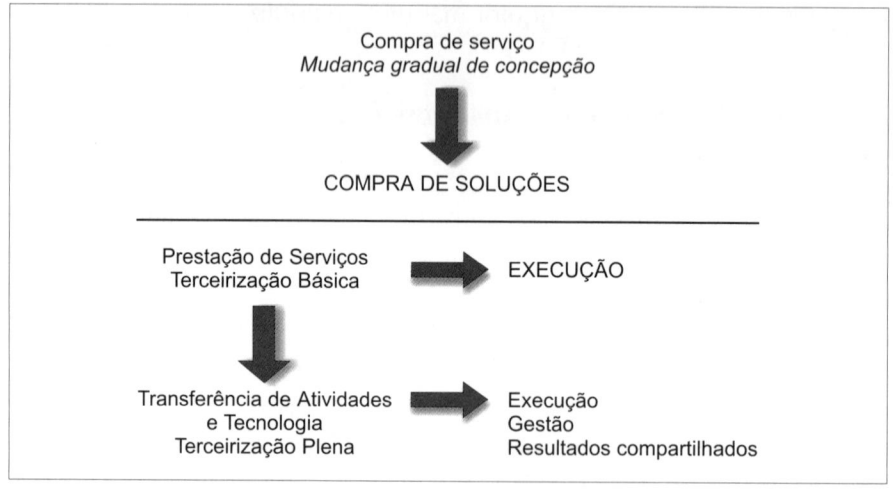

o envolvimento da parceira contratada na gestão do negócio, tanto no que diz respeito aos riscos quanto aos resultados.

As organizações que utilizam a transferência de atividades e tecnologia sustentam sua adoção e o crescimento dessa prática, em grande parte, na constatação de que hoje a terceirização só se justifica se também abranger atividades estratégicas e vitais para a empresa, envolvendo a transferência da gestão dos processos e a concentração da empresa contratante no seu negócio principal. Como vimos, a terceirização avança, mas com uma mudança em sua concepção. Mais uma vez, encontramos no setor calçadista um bom exemplo para ilustrar nosso raciocínio. Muitas empresas que nasceram como fábricas de calçados, produzindo internamente todos os seus componentes, nas décadas de 80 e 90 começaram a desverticalizar o processo, adquirindo componentes de terceiros e tornando-se montadoras. Hoje, essas mesmas empresas terceirizaram totalmente a produção e passaram a focar sua energia no desenvolvimento da marca e de produtos, no *design* e na comercialização, seu verdadeiro negócio.

Embora os exemplos mais conhecidos da prática de transferência de atividades e tecnologia estejam vinculados a grandes organizações e corporações multinacionais, sua adoção independe do tamanho da empresa.

A TRANSFERÊNCIA DE ATIVIDADES E TECNOLOGIA PERANTE O PODER JUDICIÁRIO

Analisando-se a transferência de atividades e tecnologia no contexto da legislação vigente, podemos verificar que, apesar de integrar a família da terceirização, ela é uma ferramenta de gestão à parte, não estando subordinada aos limites que regem a prestação de serviços, como, por exemplo, a Súmula nº 331 do TST, pelo fato de não se enquadrar na modalidade de compra e venda de serviços. Dessa forma, entendemos que é indiferente para a legalidade de tal processo a identificação das atividades transferidas como meio ou fim da transferente.

A transferência de atividades e tecnologia, enfatizamos, é uma ferramenta de gestão que consiste na delegação a um terceiro especialista da execução integral de etapas ou da totalidade da atividade produtiva da empresa contratante. Esse terceiro responsabiliza-se pela entrega de um resultado pleno (produto), e não por um mero fornecimento de serviço. É um contrato de parceria empresarial por resultado, no qual o novo parceiro assume com integral responsabilidade o processo produtivo no seu todo ou em parte. Assim, é de sua competência administrar os recursos humanos, o investimento tecnológico, a manutenção dos equipamentos, a capacitação e o desenvolvimento de novas ferramentas e tecnologias para obtenção de ganhos em produtividade, bem como todos os demais aspectos que envolvam a cadeia produtiva objeto da parceria.

Entendemos que a sustentação jurídica do processo está ancorada nos seguintes pilares:

1. *Princípio Geral da Atividade Econômica:* está expresso no art. 170 da Constituição Federal, que, em parágrafo único, afirma: "É assegurado a todos o livre exercício de qualquer atividade econômica, independentemente de autorização de órgãos públicos, salvo nos casos previstos em lei".

Quanto a isso, fazemos referência à observação do jurista Celso Ribeiro Bastos (Bastos e Martins, 1990, p. 38-39):

> (...) O parágrafo sob comento cuida de garantir a todos a possibilidade de lançarem-se ao mercado não só como profissionais no desempenho de uma atividade econômica, mas também de levarem

adiante a própria empreitada consistente na organização da empresa.

Qualquer atividade econômica é, portanto, livre. (...)

Não é lícito à lei fazer depender de autorização de órgãos públicos atividades não sujeitas à exploração pelo Estado nem a uma especial regulação por parte do poder de polícia. É aceitável, pois, que dependam de autorização certas atividades sob as quais o Estado tenha necessidade de exercer uma tutela, quanto ao seu desempenho no atinente à segurança, à salubridade pública, etc.

2. *Princípio da Reserva Legal:* conforme determina o inciso II do art. 5º da Constituição Federal: "Ninguém será obrigado a fazer ou deixar de fazer alguma coisa senão em virtude da lei".

Destacamos outro comentário de Bastos (1990, p. 23):

> O princípio de que ninguém é obrigado a fazer ou deixar de fazer algo senão em virtude de lei surge como uma das vigas mestras do nosso ordenamento jurídico. (...) Nesse sentido, o princípio da legalidade é de transcendental importância para vincar as distinções entre o estado constitucional e o absolutista, este último de antes da Revolução Francesa. Aqui havia lugar para o arbítrio. Com o primado da lei, cessa o privilégio da vontade caprichosa do detentor do poder em benefício da lei que se presume ser a expressão da vontade coletiva.

De outro lado, o princípio da legalidade garante o particular contra os possíveis desmandos do Executivo e do próprio Judiciário. Instaura-se, em conseqüência, uma mecânica entre os Poderes do Estado da qual resulta ser lícito apenas a um deles, qual seja, o Legislativo, obrigar aos particulares. (...)

No fundo, portanto, o princípio da legalidade mais se aproxima de uma garantia constitucional do que de um direito individual, já que ele não tutela, especificamente, um bem da vida, mas assegura, ao particular, a prerrogativa de repetir as injunções que lhe sejam impostas por uma outra via que não seja a da lei.

Assim, entendemos que a legalidade da transferência de atividades e tecnologia se justifica pela inexistência no ordenamento jurídico de regra que a proíba de maneira direta.

3. Além dos princípios constitucionais mencionados, o contrato de transferência de atividade e tecnologia deverá ser um negócio jurídico válido, segundo os requisitos do art. 104 do Código Civil Brasileiro (Lei nº 10.406, de 10/01/2002), que entrou em vigor em janeiro de 2003: os agentes do contrato serem capazes, o objeto ser lícito, possível, determinado ou determinável e a forma do contrato ser prescrita e não-defesa em lei.

4. Paralelamente aos instrumentos que sustentam a legalidade e ancoram juridicamente o processo com a força que lhe confere a lei maior do país, o contrato de transferência de atividade e tecnologia envolvendo a atividade-fim do tomador também tem sua licitude reforçada por previsão expressa no art. 594 do Código Civil: "Toda espécie de serviço ou trabalho lícito, material ou imaterial, pode ser contratada mediante retribuição".

Contudo, destacamos que, no ambiente trabalhista, para a legalidade da transferência de atividades e tecnologia, não bastam a presença dos princípios constitucionais e as previsões do Código Civil. O exame da legalidade desse tipo de relacionamento estará subordinado também à ausência dos requisitos do contrato de emprego, à inexistência de alteração contratual lesiva e à ausência de idoneidade fiscal ou técnica da parte contratada.

Gráfico 2.2. Transferência de Atividades: Pressupostos da Legalidade

1. Princípio Geral da Atividade Econômica – art. 170, parágrafo único da Constituição Federal.
2. Princípio da Reserva Legal – art. 5º, inciso II, da Constituição Federal.
3. Atendimento aos Requisitos do Negócio Válido – art. 104 do Código Civil (Lei nº 10.406, de 10/01/2002).
4. Art. 594 do Código Civil (Lei nº 10.406, de 10/01/2002).
5. Inexistência, no caso concreto, dos requisitos dos arts. 3º e 9º da CLT.

Podemos constatar na prática que diversos magistrados já vêm demonstrando entendimento que corrobora nosso ponto de vista. Em 2002, a 1ª Vara do Trabalho de Franca (SP) julgou ação civil pública (nº 659/2000-0) proposta pelo Ministério Público do Trabalho da 15ª Região contra a São Paulo Alpargatas e três empresas que a ela prestavam o serviço de pesponto. A sentença do juiz Jorge Luiz Costa considerou que a terceirização de atividade-fim é possível, desde que não seja feita com o objetivo de fraudar a legislação trabalhista. A ação transitou em julgado em 06/02/2002. Destacamos abaixo alguns trechos do mérito da decisão.

Dispõe o art. 5º, II, da Constituição Federal que "ninguém será obrigado a fazer ou deixar de fazer alguma coisa senão em virtude da lei", não havendo, no ordenamento jurídico, nenhuma norma que, de forma direta, proíba a chamada terceirização de atividade-fim da empresa.

Entretanto, isso não quer dizer, em absoluto, que essa ilegalidade não possa ser reconhecida, pois em se verificando que a terceirização vise a desvirtuar, impedir ou fraudar a aplicação da CLT, ter-se-á um sustentáculo jurídico para tanto, que é o do art. 9º, do mesmo texto consolidado, no qual, aliás, fundamentou-se a presente ação (fl. 5).

Entendemos, pois, que é sob o prisma do art. 9º da CLT que a questão posta deve ser enfrentada, pois fora daí a violação ao art. 5º, II, da Constituição da República, é certa. (...)

A intenção da primeira ré de reduzir custos de produção, com a terceirização, por si só, não justifica a aplicação das drásticas conseqüências pretendidas pelo autor, pois, afinal, em dias de globalização e de recessão econômica na maior parte do planeta, a sobrevivência de qualquer empresa passa pela redução de custos. Essa redução, portanto, somente seria relevante se, em contrapartida, provocasse alguma perda para os trabalhadores das prestadoras de serviços, o que não restou provado. (...)

Por fim, urge lembrar que, por ser a terceirização uma realidade presente nesta região, o ilustre Procurador Regional do Trabalho, Dr. Rogério Rodrigues Fernandes Filho, sensível a isso, acabou patrocinando acordo entre os sindicatos das categorias envolvidas, na tentativa de regulamentar (e não extinguir) o trabalho desenvolvido pelas empresas prestadoras de serviços de Franca (fls. 1.084/1.088), vindo esse acordo a fazer parte de convenção coletiva (fl. 1.063), a demonstrar que, atualmente, nesta cidade, nem mesmo o Sindicato de Trabalhadores nas Indústrias de Calçados se coloca contra a terceirização, desde que observados todos os direitos dos trabalhadores envolvidos.

Aliás, se os empregados das prestadoras de serviços tivessem sido contratados diretamente pela primeira ré e nela se integrado, como deseja o MPT, estariam hoje todos desempregados, porquanto, como revelam os documentos de fls. 1.113/1.116, ela acabou encerrando suas atividades, nesta região, em outubro de 2000.

Em suma, pode-se dizer que a terceirização patrocinada pela primeira ré somente visou à redução de custos, sem provocar, pelo simples fato de sua ocorrência, qualquer lesão direta ou indireta aos direitos dos empregados das empresas tomadoras de serviços, motivo pelo qual não há como se aplicar ao caso o disposto no art. 9º da CLT, o que induz a total improcedência da ação.

No mesmo sentido, destacamos decisão da juíza Mariane Khayat Fonseca do Nascimento, do TRT da 15ª Região (Campinas, SP), que transcrevemos a seguir. Vale ressaltar a utilização da expressão "controle integral do processo produtivo", que podemos considerar sinônimo de transferência de atividades e tecnologia.

Terceirização Atípica – Fabricação por encomenda – Controle integral do processo produtivo – Responsabilidade subsidiária da empresa contratante

Ementa: Terceirização atípica – Fabricação por encomenda – Controle integral do processo produtivo – Responsabilidade subsidiária da empresa contratante – Quando empresa de grande porte, detentora do direito de exploração de sua marca, opta por destinar-se exclusivamente à produção dos produtos respectivos (atividade-fim), transferindo o processo de fabricação para terceiros (micro e pequenas empresas), mantendo rígido e minucioso controle sobre tal atividade (meio), estabelece um modelo atípico de terceirização. Inviável a pretensão de ficar desvinculada integralmente da produção, que é inevitável para a venda de mercadorias com o seu timbre. Ainda que pareça estranha a transferência, para terceiros, da produção de bens de consumo, o caso dos autos nos revela esta novidade. Da mesma forma que não se pode ignorar a modernização das relações produtivas, não cabe em nome da mesma desconsiderar todo o sistema de garantias existentes para salvaguardar os direitos dos trabalhadores. Novos modelos de produção e de relação de trabalho vão surgindo, mas a eventual classificação formal das obrigações, estabelecida pelos envolvidos, pode não se adequar exatamente aos casos típicos previstos na legislação, nem acarretar apenas as conseqüências queridas pelos contratantes. Deve a recorrente assumir os riscos do seu empreendimento, dentre os quais a responsabilidade subsidiária pelos créditos daqueles que empregam sua força de trabalho na atividade produtiva. Solução que representa, no caso, a mais justa adequação entre os valores sociais do trabalho e os da livre iniciativa, fundada nos princípios constitucionais da atividade econômica e inspirada no Princípio da Proteção que rege o Direito do Trabalho. (TRT 15ª Reg. (Campinas/SP) – ROS 01175-2002-076-15-00-1 – (Ac. 2ª T. 009837/2003-PATR) – Relª Juíza Mariane Khayat Fonseca do Nascimento. (DJSP 15.04.03, p. 17).

Também cabe destacar que, mais recentemente, diversos tribunais têm-se debruçado sobre o mesmo assunto e construído entendimento que consideramos mais de acordo com a evolução do mundo do trabalho. Apresentamos, a seguir, três exemplos desse novo entendimento.

AÇÃO CIVIL PÚBLICA – EMPRESA PRIVADA – TERCEIRIZAÇÃO DE ATIVIDADE-FIM – FRAUDE – VÍNCULO DE EMPREGO COM O TOMADOR DOS SERVIÇOS – *Ao contrário do que ocorre nas entidades públicas, a terceirização de atividades-fim no âmbito das empresas privadas é possível de ocorrer sem a pecha de ilicitude, desde que inexistente fraude à legislação trabalhista. Exegese da Súmula nº 331 do TST c/c art. 170, parágrafo único da CF/88 e art. 9º da CLT. Nos presentes autos, constatada a fraude, dá-se provimento ao recurso do Ministério Público do Trabalho para, reconhecendo-se o vínculo empregatício diretamente com a tomadora dos serviços, condená-la a anotar as carteiras de trabalho dos obreiros. Ação civil pública. Relação de emprego. Descumprimento da legislação trabalhista pela empresa. Danos morais coletivos. O mero descumprimento da legislação trabalhista, pelo empregador, não gera, por si só, dano moral coletivo indenizável. Somente da análise do caso concreto é que o juiz poderá eventualmente concluir pela existência desse dano, devendo, para tanto, ponderar* sobre a gravidade do ato ilícito, o universo de pessoas atingidas, sua repercussão na coletividade, a reiteração do ato, a má-fé da empresa, o desrespeito às determinações das autoridades fiscalizadoras e judiciais. (TRT 14ª R. – RO 01161.2006.003.14.00-7 – Rel. Juiz Shikou Sadahiro – DOJT 10.05.2007) (grifos nossos)

1. PRELIMINAR DE CONFISSÃO FICTA – CONTESTAÇÃO – MATÉRIA DIVERSA TRAZIDA NA INICIAL – AUSÊNCIA DE DEFESA – 2. TOMADOR DE SERVIÇOS – RESPONSABILIDADE SUBSIDIÁRIA – ENUNCIADO 331, IV, DO COLENDO TST – 1. Regendo-se o processo trabalhista por princípios próprios, entre os quais o da celeridade, informa-se também pela concentração da defesa (art. 847 da CLT), pelo qual toda a matéria pertinente deve ser levantada na contestação. Quando a empresa reclamada contesta matéria diversa da declinada na exordial, e não prova o alegado, há de prevalecer a veracidade das alegações da autora. 2. O tomador de serviços tem o dever de exigir e fiscalizar o cumprimento das obrigações contratuais do prestador de serviços, principalmente para com seus empregados, *especialmente quando há terceirização da atividade-fim da empresa, corroborando, ainda mais, para o fundamento da responsabilidade subsidiária do tomador dos serviços*. 3. Recurso conhecido e desprovido. (TRT 21ª R. – RO 02070-2004-005-21-00-1 – (57.275) – Rel. Des. Carlos Newton Pinto – DJRN 25.11.2005) (grifos nossos)

TERCEIRIZAÇÃO. ATIVIDADE-FIM. NÃO EXISTE LEI PROIBINDO TERCEIRIZAÇÃO NA ATIVIDADE-FIM DA EMPRESA. O QUE NÃO É PROIBIDO, É PERMITIDO. ASSIM, NADA IMPEDE A TERCEIRIZAÇÃO NA ATIVIDADE-FIM. Não existe lei proibindo terceirização na atividade-fim da empresa. O que não é proibido, é permitido. Assim, nada impede a terceirização na atividade-fim. Exemplo mais evidente de terceirização na atividade-fim é o realizado na indústria automobilística, em que praticamente esta apenas monta o automóvel, sendo que todas as peças são fabricadas por terceiros, seguindo a padronização imposta pela montadora de veículos. Trata-se, portanto, de terceirização na atividade-fim da empresa, que é de produzir o automóvel. Ninguém nunca disse que esse tipo de atividade, que existe há mais de 50 anos, é ilícito. (TRT 2ª R. RO 00166-2001-025-02-00-0 – 3ª Turma. Rel. Des. Sérgio Pinto Martins – DJSP 13.07.2004) (grifos nossos)

3

DESAFIOS ATUAIS DA TERCEIRIZAÇÃO

Hoje, o mundo empresarial vive o que denominamos paradoxo do crescimento. Para as empresas ganharem competitividade, estabelecerem um diferencial competitivo ou até mesmo para simplesmente permanecerem no mercado, estas devem necessariamente atuar em uma rede de relacionamentos vinculada diretamente à cadeia de negócios. O que significa essa rede de relacionamentos? É a organização com uma menor estrutura interna, mais enxuta, mais ágil, com menos níveis hierárquicos, focada não só em seu negócio principal, mas também nas atividades vocacionais e periféricas.

Voltamos ao exemplo do segmento automotivo, já mencionado no Capítulo 1. Fábricas de automóveis passaram a montadoras, transformando-se gradualmente em gestoras de unidades produtivas. É uma pequena aldeia produtiva, onde empresas, de maneira autônoma e interdependente, estão conectadas e focadas em um objetivo comum, com a empresa maior – a tomadora – gerenciando e administrando os resultados, e não a execução dos serviços, na forma de uma *holding*.

Este movimento que ocorre na comunidade empresarial não é simplesmente gradual; ele é de fôlego, evolutivo, e também gera um novo desafio para a organização: para administrar essa "desestruturação organizada" das empresas é necessário estabelecer uma linha de conectividade entre toda a cadeia de relacionamentos. Numa linguagem empresarial, deixamos de avaliar prestador e tomador de serviços e começamos a falar em parceria. Não se trata de uma simples aliança estratégica entre empresas, e sim de uma conectividade em relação à estruturação da cadeia do negócio. Nessa cadeia são encontrados diversos tipos de empresas com diferentes níveis de desenvolvimento, conhecimento, pessoas, porte e tecnologia. É indispensável para isso que os fornecedores (prestadores) fiquem atentos aos movimentos, às necessidades e à política da organização tomadora dos serviços e estejam à altura desta, evoluindo produtiva e tecnologicamente, para agregar maior valor ao produto ou serviço prestado. Por outro lado, o tomador deve compartilhar com os prestadores o seu conjunto de metas, para que ambos estabeleçam uma sintonia fina no plano da convivência com objetivos comuns.

Para garantir a sustentabilidade da cadeia de negócios, a relação ganha-ganha é fundamental. Além disso, o foco dos envolvidos não pode estar restrito somente aos fatores produtivos, mas também às regras e aos padrões que determinam a forma da relação prestador e tomador de serviço.

Em maio de 2006, foi realizada uma pesquisa nacional sobre a terceirização praticada no Brasil. Essa pesquisa envolveu um universo de 2.850 empresas em todas as regiões do País, sendo 60% de grande porte, 35% de médio porte e 5% de pequeno porte. O estudo, além de interpretar e radiografar o cenário evolutivo da terceirização, buscou respostas para questões como: afinal, o que levou o empresário da década de 80 a começar a praticar a terceirização como uma nova filosofia de gestão empresarial? Permanecem as mesmas justificativas? Em relação aos segmentos e atividades, qual a evolução histórica do fenômeno?

A pesquisa mostrou que a contratação de serviços evoluiu para o perímetro interno da organização, em especial por questões de racionalização de custos, melhorias técnicas e reposicionamento do negócio. Alguns exemplos: manutenção mecânica, elétrica e de caldeiras, almoxarifado, transporte interno, logística reversa, recursos humanos e produção. Tais atividades são essenciais para o negócio? Com certeza, mas não são vocacionais. Essa terceirização interna está avançando e hoje ocupa um espaço de 29% das terceirizações praticadas (Gráficos 3.1, 3.2 e 3.3).

A pesquisa também demonstra um avanço significativo em relação às atividades tradicionalmente terceirizadas, indo além das áreas periféricas do negócio, como demonstra o Gráfico 3.4.

A grande novidade é o fato de a chamada terceirização de ações estratégicas representar 3% do volume praticado. O novo modelo está em processo de expansão e vinculado a uma política de inovação e desenvolvimento tecnológico. As empresas precisam de velocidade nessa linha de

Gráficos 3.1, 3.2 e 3.3. Atividades Terceirizadas

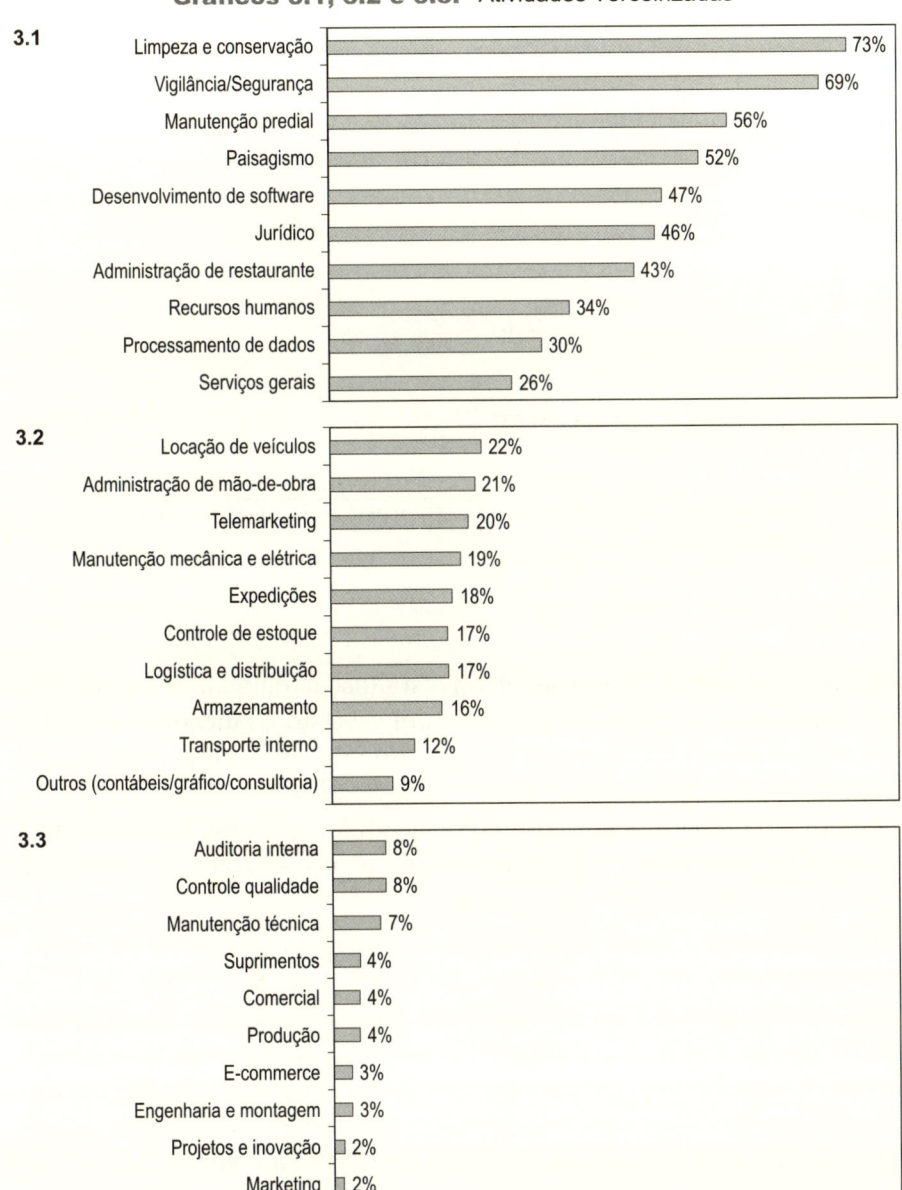

Fonte: CENAM (Centro Nacional de Modernização): IV Pesquisa Nacional sobre Terceirização nas Empresas.

Gráfico 3.4. Áreas em que são Contratados Serviços Terceirizados

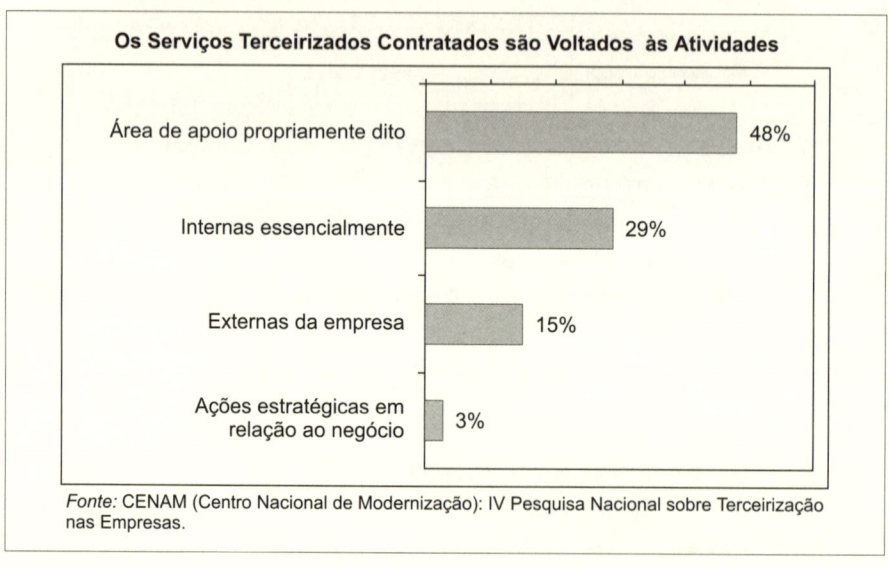

Fonte: CENAM (Centro Nacional de Modernização): IV Pesquisa Nacional sobre Terceirização nas Empresas.

produção intangível. Chega-se inclusive à situação na qual, em segmentos como telecomunicações ou *software*, um produto é lançado e seus próprios fabricantes encomendam ao setor de engenharia um novo projeto para tornar tecnologicamente obsoleta a novidade recém-apresentada, sob pena de perder competitividade na relação de consumo. Neste cenário, para ganhar mobilidade e sinergia, a empresa necessita também terceirizar seus serviços de inteligência e criação.

Os resultados verificados levam a refletir que realmente estamos enfrentando uma nova era na contratação de serviços. Ela começou tímida, e para atender apenas a uma necessidade focada em relação à redução de custos (transferência da execução dos serviços), culminando hoje em dia também num modelo que permite o redirecionamento do negócio e o reposicionamento da empresa no mercado, transferindo-se integralmente ao terceiro determinado setor de atividade (terceirização plena).

Portanto, o que é necessário para que a terceirização seja mais bem empregada dentro do ambiente empresarial? Em primeiro lugar, é preciso definir uma política de aquisição de serviços. Verificamos que, em grande parte dos casos, os setores de suprimentos e compras das organizações não estão preparados para enfrentar os novos desafios da terceirização. É norma geral entrar numa organização e constatar que a política de compras se resume a um formulário pré-impresso e a um *software* que não aceita ser adaptado. Aí compram-se canetas como se compra inteligência. Em muitas empresas, a política de remuneração dos terceiros não tem qualquer precisão sobre o que é caro ou barato, eficiente ou ineficiente, carecendo de dados informativos para parametrização técnica.

Nos dias atuais, onde o período de sustentação de uma vantagem competitiva é cada vez menor, tornaram-se uma constante para as organizações a inovação e a atribuição de novos diferenciais aos produtos e serviços, com o desafio da manutenção dos preços ao consumidor final. Assim, a aquisição de um produto ou serviço tornou-se estratégica para as organizações, já que se trata de uma despesa.

Usualmente, inovações e alterações agregam algum tipo de custo, seja de mão-de-obra, tecnologia ou processo, e muitas vezes a viabilização de diferenciais e inovações envolve fornecedores, tornando sua participação fundamental e decisiva para o sucesso da operação. Os prestadores devem estar alinhados à estratégia da empresa para auxiliá-la na busca de diferenciais e preparados para atender suas novas necessidades. Resumindo, eles devem ser parceiros.

Dessa forma, a otimização do processo de contratação de fornecedores ganha maior importância e precisa ser realizada de forma completa, observando não somente o cenário atual, mas também a capacidade e a flexibilidade do prestador de fornecer soluções, quando solicitado, e propor inovações que agreguem valor tangível para a organização.

As empresas que alcançarão os melhores resultados serão aquelas que conseguirem estabelecer uma cadeia de compras mais eficiente e global, a um preço total mais reduzido, incluindo somatórios de preços de custo, qualidade, experiência técnica, entregas, etc. As organizações que já perceberam a importância estratégica da aquisição de produtos e serviços vêm otimizando sua cadeia produtiva e obtendo economia significativa em suas despesas, além de contratar serviços com maior qualidade, gerando impacto positivo em seus resultados.

Como suporte a esta estratégia, o mercado tem-se utilizado com sucesso da metodologia de *strategic sourcing*. Esta metodologia é implementada nas organizações por consultorias especializadas, que inicialmente levantam os volumes e tipos de produtos e serviços adquiridos e realizam análises das oportunidades de redução de custos, melhoria de processos e qualidade e melhor aproveitamento das ofertas do mercado em termos de tecnologia e serviços.

Para realizar esse trabalho são criados grupos multifuncionais, compostos por consultores, profissionais de compras e profissionais das áreas usuárias dos serviços e/ou produtos a serem adquiridos, de forma a entenderem as necessidades internas, especificações, previsões, volumes, etc. Este grupo é responsável pela gestão da compra estratégica e do processo de gestão de fornecedores, pelo conhecimento do mercado externo que melhor pode responder às necessidades internas, com o melhor nível de qualidade ao menor custo total.

A implementação da metodologia promove diversos benefícios, entre eles:

➢ otimização operacional;

➢ incremento qualitativo;

➢ aumento do foco nas atividades que possuem alto valor agregado;

➢ melhor relacionamento com seu mercado fornecedor;

➢ confiabilidade e transparência;

➢ integração das equipes;

➢ aumento das receitas e margens da empresa.

Cada vez mais é preciso estar sintonizado com o mercado e migrar para as melhores práticas. Por isso, hoje, como referência gerencial da terceirização, trabalha-se muito o conceito de família: classificam-se as atividades por família e internamente selecionam-se as melhores práticas. A empresa paradigma, que tem um posicionamento estratégico e que se destaca tecnologicamente em relação às demais, capacita e desenvolve o seu ambiente de atuação. Tudo isso é feito dentro de um novo conceito, de agrupamento familiar empresarial.

Qualificar os fornecedores também se apresenta como um grande desafio. Racionalizar custos e eliminar desperdícios, fazendo mais com melhor preço, define a sobrevivência das organizações em um mercado cada vez mais competitivo, com consumidores mais exigentes.

É indispensável ainda implementar a gestão dos terceiros por resultados. Cada vez mais, o gerenciador deve abandonar a antiga prática de fiscalizar apenas a execução do contrato, passando a monitorar e a acompanhar o nível de retenção de tecnologia na cadeia de relacionamentos. A melhoria contínua se apresenta como uma meta desafiadora. A gestão por resultados provoca a mudança de alguns valores. Por exemplo, a empresa contratante dispensa a prática de preço fechado e estabelece um plano de remuneração por performance, adotando a remuneração por eficiência.

Também é vital para o futuro da terceirização pacificar o ambiente jurídico, que ainda é um terreno nebuloso, pela ausência de regulamentação legislativa. Considerando-se o crescente número de conflitos de interesse envolvendo trabalhadores, empresas, sindicatos, fiscalização e Ministério Público do Trabalho, é indispensável uma profunda reflexão do Judiciário Trabalhista em relação à evolução da terceirização na sociedade brasileira, inclusive avaliando a necessidade de reescrever o texto da Súmula 331 do TST, em especial no conceito e na redefinição do alcance do que representa a classificação de atividade-meio nos novos modelos organizacionais. No Capítulo 7, abordaremos mais detalhadamente o ambiente jurídico da terceirização.

Diante desse cenário evolutivo, qualquer empresa que deseje se manter no mercado precisa apresentar uma elevada taxa de empresabilidade no gerenciamento da terceirização, ou seja, a capacidade de criar ambientes de convivência com os prestadores, sejam estratégicos ou periféricos ao negócio, atingindo sempre o melhor resultado com menor custo e maior valor agregado. Esta questão será ampliada no próximo capítulo, no qual abordaremos a gestão plena da terceirização.

4

GESTÃO COM RESULTADOS

Se fôssemos comparar a terceirização a um automóvel, diríamos que esta ferramenta de gestão é uma Ferrari. O que ocorre é que muitas vezes quem está ao volante é um motorista inexperiente ou acostumado a dirigir carros populares, portanto não terá a destreza necessária para obter do veículo seu melhor desempenho, correndo o risco de derrapagens e acidentes de percurso de pequena ou grande monta.

Em nossa experiência como consultores em dezenas de processos de compra e venda de serviços, nos mais variados segmentos da atividade econômica, o que verificamos é que a maioria das empresas ainda pratica uma terceirização amadora, deixando de obter resultados significativos simplesmente por agir como um condutor sem perícia, quando bastariam alguns ajustes na sua prática de gestão para que sua Ferrari demonstrasse toda a potência.

Na maioria das organizações não existem normas e procedimentos que orientem os gestores no processo de terceirização. Há uma carência de conhecimento sobre as regras básicas da terceirização, expondo a empresa a riscos desnecessários. O gestor da terceirização, nestes casos, é como aquele motorista sem preparo para dirigir um carro de grande potência, que fatalmente cometerá infrações e colocará em risco a vida da empresa.

Para que as organizações eliminem ou reduzam os riscos na contratação e na manutenção do relacionamento com terceiros, é imprescindível a implantação de projetos de análise e diagnóstico da terceirização praticada nas organizações, a partir do que será possível a implementação de melhores práticas de gestão de terceiros e de capacitação de gestores. Neste cenário, um sistema para gestão de terceiros com uma base de dados única e centralizada, disponibilizado por meio de um software on-line, de acordo com a mais sofisticada tecnologia disponível, torna-se uma ferramenta indispensável ao monitoramento da terceirização.

Esta é justamente a solução oferecida pela gestão plena da terceirização. A gestão plena da terceirização está baseada no estabelecimento de metas de performance, gerando valor agregado ao negócio. A gestão plena da terceirização apresenta-se como o estado da arte em gerenciamento de terceiros. Ela ataca cinco pontos determinantes – ambiente, gestor, foco, meta e contrato – que abordaremos detalhadamente a seguir.

AMBIENTE

O ambiente é tudo que se refere ao mercado, à empresa e ao próprio serviço (ver *O Ciclo ACD de Serviços*, no Capítulo 6). Para muitas empresas, no entanto, o ambiente se resume ao contrato, ou seja, ao simples cumprimento do objeto contratado e à fiscalização do terceiro. Na gestão plena da terceirização, muito além do contrato, o ambiente passa a ser toda a cadeia do negócio (Gráfico 4.1). Assim, com a mudança no ambiente, é necessário que haja também uma nova atitude por parte do gestor.

Gráfico 4.1. Ambiente

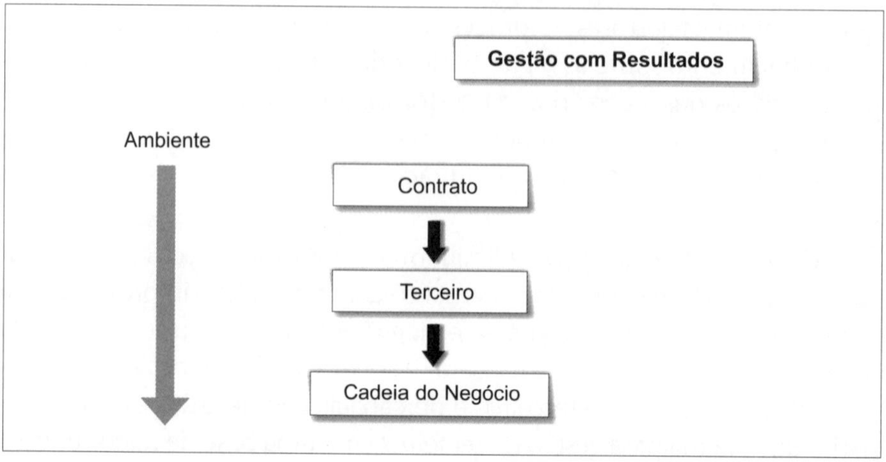

```
                          ┌─────────────────────┐
                          │ Gestão com Resultados│
                          └─────────────────────┘

    Ambiente          ┌──────────┐
       │              │ Contrato │
       │              └────┬─────┘
       │                   ▼
       │              ┌──────────┐
       │              │ Terceiro │
       ▼              └────┬─────┘
                           ▼
                   ┌──────────────────┐
                   │ Cadeia do Negócio│
                   └──────────────────┘
```

GESTOR

Em muitas organizações, ainda existe uma grande confusão entre gestor e gerenciador. Cabe ressaltar que o gerenciamento se limita à fiscalização e ao controle das relações com os terceiros, enquanto a gestão está relacionada ao acompanhamento e ao desenvolvimento dessas relações. Na prática, verificamos que muitos gestores apresentam um perfil exclusivamente mecânico e fiscalizador, agindo a partir de um referencial reativo e solucionador de problemas.

Na gestão plena da terceirização, o gestor deixa de ser apenas um especialista no que faz e passa a ser um analista de cenário, passando a ver toda a cadeia do negócio, trabalhando com foco na eficiência, em um ambiente de desenvolvimento, e não apenas na fiscalização (Gráfico 4.2). A partir da mudança do cenário e do gestor, é necessária uma conseqüente mudança também no foco da terceirização.

Gráfico 4.2. Gestor

FOCO

Quando uma empresa começa a terceirizar serviços, seu foco inicial é baseado em um diferencial comparativo, ou seja, ela baseará suas negociações nos custos da contratação de terceiros em comparação com o custo da manutenção de empregados. A gestão plena da terceirização exige uma redefinição do foco da empresa, que passa a ter como parâmetro o diferencial competitivo, baseando seus referenciais no ranqueamento dos terceiros de acordo com sua competitividade.

Na gestão plena da terceirização, o foco deixa de ser tático, com um gestor reativo e solucionador de problemas, para tornar-se estratégico, a partir da atuação de um gestor resiliente e identificador de oportunidades (Gráficos 4.3 e 4.4). Após a mudança nesses três pontos – ambiente, gestor e foco – naturalmente haverá a necessidade de mudança na meta da empresa no que se refere à terceirização.

Gráficos 4.3 e 4.4. Foco

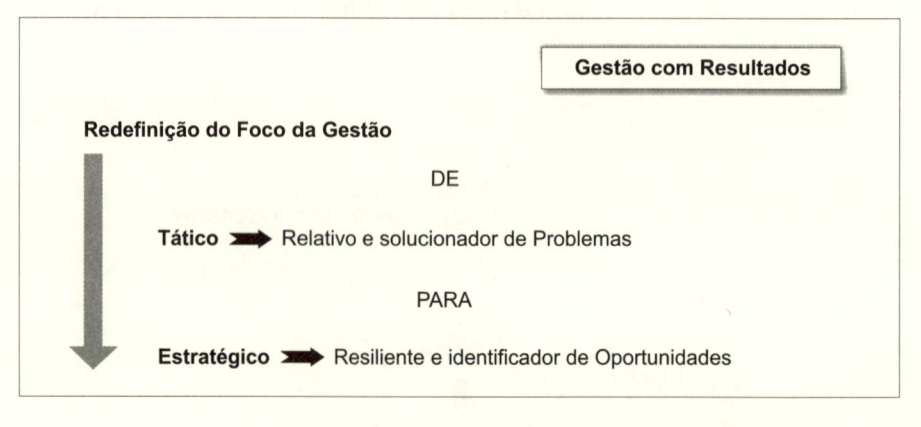

Redefinição do Foco da Gestão

Gestão com Resultados

DE

Tático ➡ Relativo e solucionador de Problemas

PARA

Estratégico ➡ Resiliente e identificador de Oportunidades

Redefinição do Foco

Gestão com Resultados

Diferencial COMPARATIVO

⬇

Diferencial COMPETITIVO

META

Na gestão plena da terceirização, a meta deixa de ser apenas rentabilidade, passando a ser a eficiência nos resultados. Isso significa que o gestor passa a avaliar os terceiros com base no desempenho, remunerando-os também de acordo com a eficiência. É o fim do contrato com preço fechado e o estabelecimento de uma relação regida pela capacitação permanente na execução do serviço contratado (Gráficos 4.5 e 4.6). Com a evolução nos pontos citados acima, chegamos, finalmente, à exigência de uma mudança no contrato que rege as relações entre tomadora e prestadora de serviços.

Gráfico 4.5. Meta

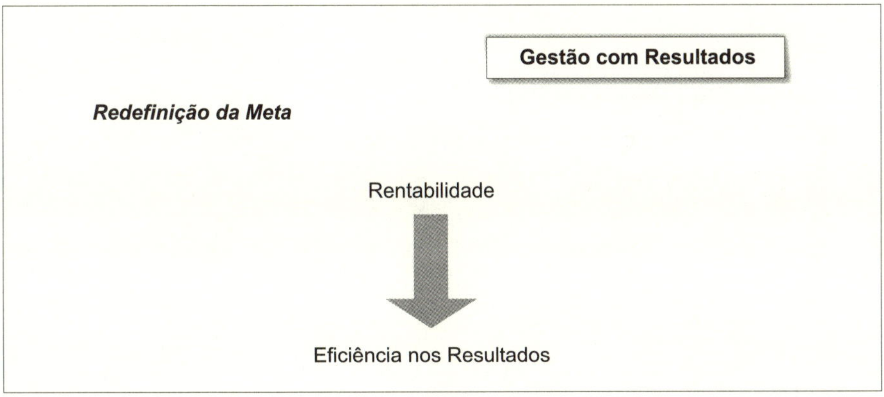

Gestão com Resultados

Redefinição da Meta

Rentabilidade
⬇
Eficiência nos Resultados

CONTRATO

Em uma visão tradicional, o contrato é considerado apenas como uma garantia jurídica e um instrumento de preservação econômica da relação. O que a gestão plena da terceirização propõe é que, somando-se a esses objetivos, o contrato se torne também um instrumento de aferição de desempenho. Dessa maneira, o público-alvo do contrato deixa de ser apenas o Judiciário, passando a ser o ambiente da prestação dos serviços e envolvendo toda a cadeia do relacionamento. Assim, o foco do contrato não é mais o conflito, e sim o desenvolvimento da relação.

Com a gestão plena da terceirização, a relação terceirizada, que inicialmente era vista como a compra de serviços, assume um novo caráter, o da compra de *soluções*. Dessa forma, cada empresa pode adotar um modelo de gestão condizente com sua estrutura e necessidades, retirando da terceirização a máxima performance, com ganhos competitivos e significativa redução nos riscos, nos custos e na preservação econômica da contratante. No Capítulo 7, apresentaremos de forma detalhada como a gestão plena da terceirização funciona na prática.

5

EMPRESABILIDADE NA GESTÃO DE SERVIÇOS

Com todas as mudanças que vêm ocorrendo no mundo do trabalho, um conceito tornou-se fundamental para os profissionais: empregabilidade, ou seja, a capacidade de obter um posto de trabalho e permanecer nele. Já não é mais novidade a noção de que aquele antigo ideal de um emprego vitalício, no qual o empregado permanecia durante toda a sua vida em uma mesma empresa, está em extinção. Hoje, sobrevive no mercado o profissional que tem capacidade de obter trabalho para os seus talentos, seja como empregado, prestador de serviços, empresário ou de qualquer outro modo.

Cada vez mais os profissionais passam a ter consciência da necessidade constante de aperfeiçoarem-se e de aumentarem sua capacidade de empreendimento. Porém, à medida que o conceito de empregabilidade foi se arraigando no meio profissional, também as empresas passaram a ter de lidar com uma nova realidade: a de que seus melhores e indispensáveis funcionários poderiam não ter interesse em permanecer de forma vitalícia em seus empregos. Tal fato poderia ocorrer por diversas razões, como espírito empreendedor e mudanças em suas aspirações profissionais, muitas vezes impulsionados pela ação de *headhunters*. Difundiu-se, então, o termo empresabilidade (Saviani, 1997), característica indispensável para as empresas que quiserem ter algum futuro.

Ao se falar em empresabilidade, surgem de imediato alguns requisitos básicos e certos objetivos que o empresário e os responsáveis pela gestão nas empresas devem assimilar e perseguir. Para começar, é importante investir em recursos humanos, cercando-se de pessoas com perfil empreendedor e agindo no sentido de envolver a todos nas metas e na cultura da empresa. É preciso formar verdadeiros colaboradores, times que atuem em sintonia e sinergia, o que não se consegue sem estratégias de gestão que atraiam e estimulem. Está provado que os profissionais hoje querem saber para onde vai a empresa, quais suas perspectivas dentro do mercado e o quanto está disposta em investir em remuneração e oportunidades de desenvolvimento para seus profissionais.

Outra característica da empresabilidade, fundamental para a permanência e o crescimento, é a capacidade de formação de alianças estratégicas. Isso significa não somente ter uma relação de parceria com os fornecedores, mas também se aliar aos concorrentes quando necessário. Um bom exemplo é o que ocorre na indústria automobilística, com a adoção de políticas compartilhadas entre montadoras nas áreas de produção e logística.

Parcerias e alianças são justamente algumas das condições para quem quiser se ajustar aos novos tempos, nos quais, para crescer, muitas vezes é preciso reduzir a estrutura organizacional e ampliar a rede de relacionamentos – ou seja, tornar-se pequeno para ser grande. O que pode soar paradoxal é, na verdade, o único meio de sobrevivência para as empresas daqui para a frente. Como diz Alvin Tofler, o mundo não se divide mais entre grandes e pequenos, direita e esquerda, mas entre rápidos e lentos. A empresa verticalizada, com níveis hierárquicos e um número gigantesco de funcionários, é coisa do passado. Atualmente, só tem empresabilidade a companhia capaz de cercar-se de uma rede de parceiros entrosados, estabelecendo com eles uma relação de transparência e de sinergia. Tanto quanto transmitir aos empregados as metas e padrões da empresa, é importante levar ao conhecimento dos parceiros essas mesmas informações, mantendo uma relação aberta, ágil e desburocratizada.

As alianças estratégicas são o meio pelo qual as empresas poderão concentrar esforços em suas atividades vocacionais e estratégicas: desenvolvimento tecnológico e logística de distribuição, com transferência do processo produtivo para a etapa intermediária através da terceirização. Para que esse modelo tenha sucesso, é necessária uma gestão adequada da terceirização, o que hoje já é possível com a quarteirização, ou seja, a delegação da gestão dos contratos terceirizados a um gestor especializado.

Estes são os fundamentos da empresabilidade, aos quais estão inevitavelmente ligadas a competitividade e a sobrevivência da empresa e para os quais os profissionais envolvidos na área de gestão devem estar atentos. É a garantia de manter a saúde e a vitalidade da organização em um mundo em constante transformação, possibilitando que ela se imponha no mercado e seja capaz de reter talentos. O que definirá o sucesso da terceirização é a soma da taxa de empresabilidade (capacidade de gestão do tomador) e da taxa de empreendedorismo do terceiro.

6

A QUARTEIRIZAÇÃO E O CICLO ACD DE SERVIÇOS

Quarteirização é a espécie do gênero terceirização que consiste na delegação a um terceiro especialista da gestão da administração das relações com os demais terceiros (Saratt et al., 2000). Com a utilização em larga escala da terceirização, a quarteirização tem-se tornado uma importante aliada da gestão empresarial. Como esse avanço vem ocorrendo especialmente nas organizações de maior porte, que demandam contratação intensiva nos seus mais diversos segmentos, sem perder o foco em políticas corporativas, é natural que os empresários se deparem com uma questão nova e de difícil solução: a exigência de montar uma estrutura interna, incluindo níveis gerenciais, voltada para a seleção, a contratação e a administração das relações de parceria. Essa necessidade geralmente agrega custo, anulando a principal justificativa da terceirização.

Por outro lado, é indispensável que a organização acompanhe e monitore o desempenho dos parceiros, sobretudo no momento em que as atividades terceirizadas ingressam cada vez mais em áreas vitais para a sobrevivência ou o sucesso da organização no mercado.

Aqui encontramos a grande mudança decorrente da quarteirização: por meio dela, passa-se a administrar a *relação*, e não apenas o *contrato*; o risco econômico, e não apenas o jurídico. Afinal, cada vez mais a realidade demonstra que diversos processos de compra e venda de produtos ou serviços fracassaram, fazendo com que muitos tomadores voltassem a realizar atividades de maneira direta (desterceirização), premidos pelo insucesso da relação, conseqüência da inexistência de gestão. Não podemos esquecer de que terceirizar não significa abandonar a atividade.

Ao contrário disso, as empresas que praticam a terceirização como filosofia necessitam estabelecer claramente as rotinas de acompanhamento de seus parceiros, em especial quanto ao desempenho técnico, à idoneidade patrimonial e fiscal, ao cumprimento da legislação que rege o contrato, etc. Há uma mudança em relação ao grau de exigência na qualidade ou no resultado e cada vez se torna mais complexo administrar a relação, exigindo-se a profissionalização dessa atividade. Não basta fazer apenas o que está escrito no contrato; deve-se exigir do terceiro criatividade e melhoria contínua de desempenho, sendo necessário um permanente acompanhamento da relação.

Nesse cenário é que surge a quarteirização, ou delegação da gestão de contratos com terceiros, que consiste na contratação de uma empresa especializada para gerenciar as parcerias, proporcionando a gestão plena da terceirização. Vários setores, como construção civil, limpeza e conservação, investimento imobiliário e advocacia, já vêm utilizando com relativa freqüência essa nova ferramenta.

Salientamos que, muitas vezes, o processo de terceirização fracassa ou não atinge o objetivo esperado por deficiência na etapa pós-contratação. A gestão da relação, e não apenas do contrato, apresenta-se como um diferencial competitivo para a terceirização, principalmente na redução de

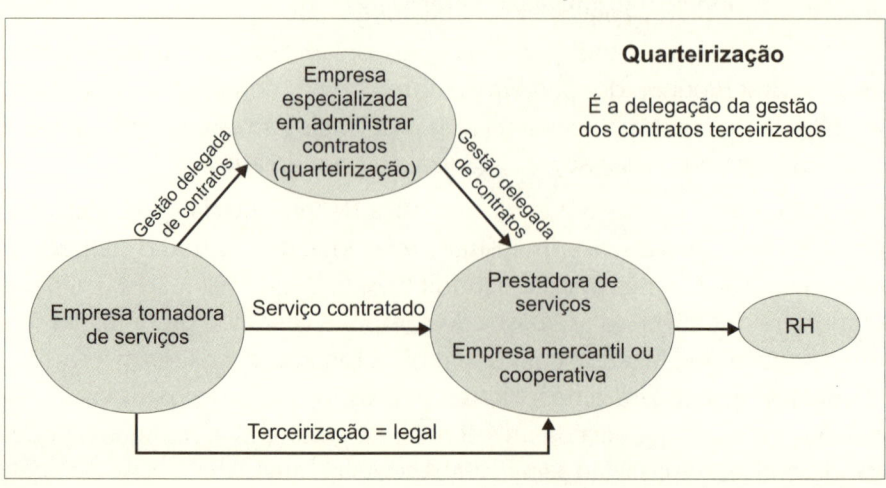

Gráfico 6.1. Quarteirização

custos pela eliminação do desperdício, pelo aumento da eficiência e pela modulação permanente do relacionamento.

A quarteirização revela-se ainda uma excelente ferramenta na administração do risco jurídico da terceirização, pois o eventual contato do empregado do terceiro ocorrerá com a empresa parceira responsável pela gestão do contrato, que funcionará como um amortecedor da relação, evitando-se o desgaste do relacionamento entre tomadora e prestadora. Dessa forma, a partir da prática habitual e adequada da quarteirização, elimina-se o risco da caracterização da subordinação jurídica, requisitos marcantes da relação de emprego.

VANTAGENS DA QUARTEIRIZAÇÃO

Além dessas vantagens, que justificam a necessidade de se implementar a quarteirização nas empresas que terceirizam, é importante observar que o Estado, talvez pela insuficiência quantitativa de recursos humanos e receita para fazer frente às despesas necessárias para uma adequada fiscalização, vem cada vez mais transferindo ao tomador de serviços o controle da idoneidade financeira e fiscal dos seus fornecedores.

Diante dessa realidade, além da administração dos aspectos legais, é indispensável a preservação econômica de todas as relações com terceiros. Portanto, a gestão profissional e especializada dos contratos deixa de ser uma opção ou modismo passageiro, estabelecendo-se como necessidade imperiosa para o sucesso da terceirização. Em função disso, enumeramos a seguir alguns dos benefícios obtidos pelas organizações que utilizam a quarteirização como filosofia de delegação da gestão dos contratos (Saratt *et al.*, 2000).

1. **Eliminação de estruturas internas da empresa criadas para administrar os contratos e os relacionamentos terceirizados**

   As empresas que optam por administrar diretamente, com seu corpo funcional, as relações com os terceiros são obrigadas a montar uma estrutura interna, incluindo níveis gerenciais, voltada para a seleção, a contratação e a administração das relações de parceria. No entanto, os custos gerados para tal controle, devido à criação e à manutenção dessa estrutura interna, usualmente se sobrepõem ou anulam os eventuais ganhos obtidos com a compra de serviços especializados, eliminando as principais vantagens competitivas obtidas com a terceirização, como ganho de qualidade e produtividade, redução da máquina administrativa e do quadro de pessoal, maior agilidade e competitividade.

Muitas vezes, a "energia vocacionada" do nível estratégico da organização (gerentes e supervisores), centrada no negócio principal, é canalizada para a administração dos terceiros. Isso acarreta desperdícios, em geral intangíveis para a organização, gerando o que chamamos de *custo oculto*.

Assim, a quarteirização surge como alternativa para alavancar os ganhos advindos da terceirização, eliminando o inchaço da estrutura interna das empresas, estabelecendo uma maior agilidade e proatividade na solução dos eventuais conflitos do relacionamento.

2. Implantação de política corporativa

A contratação intensiva de serviços de terceiros, em especial nas organizações de maior porte, exige a manutenção de um referencial corporativo nos seus mais diversos segmentos terceirizados, sob pena de transformar a potencial possibilidade de redução de custos em desperdício, eliminando-se a principal justificativa para a delegação de atividades a terceiros.

O gestor externo atua como um analista de cenário, acompanhando a evolução dos acontecimentos no mercado e implementando de maneira imediata as correções necessárias. A gestão centralizada e interna, ao contrário da quarteirização, limita o foco de observação do administrador, pois o horizonte em cena é o mundo interno ou os departamentos da organização.

Com a quarteirização, estabelece-se o que denominamos de monitoramento intensivo em relação aos resultados, pois, com a gestão delegada, é possível implantar um padrão de procedimentos em relação aos critérios de avaliação permanente do desempenho dos terceiros, especialmente com a elaboração de planilhas de pontuações mínimas para os resultados. A exigência do que chamamos de "padrão mínimo permanente" força a identificação de um perfil médio e a seleção natural dos terceiros. Abandona-se, assim, uma prática consagrada pela gestão interna quando o "acerto de contas" ou "checagem de desempenho" ocorrem somente na renegociação ou na renovação do contrato. É a chamada administração por "soluços" ou "espasmos".

3. Profissionalização da gestão dos contratos e do relacionamento entre as empresas

O que se observa nas companhias que não utilizam a ferramenta da quarteirização é a formação empírica de gestores, que, na verdade, são profissionais em desvio das funções para as quais foram contratados. Essa situação, além de dificultar ou mesmo impedir a especialização do profissional, resulta em um natural sentimento de insatisfação daquele que não executa sua atividade vocacional, atuando simplesmente como um "colaborador" ou voluntário, e gera resistência na execução da atividade, tratada de forma individualista e amadora.

Em contrapartida, como já destacamos anteriormente, a gestão por meio de empresas especializadas é uma maneira de despersonalizar a administração da relação com os prestadores de serviços, impedindo que o individual se sobreponha ao coletivo e deixe a relação à mercê de rompantes personalistas. A negociação calcada em pessoas específicas traz consigo desgaste individual e, muitas vezes, favorecimento, ainda que inconsciente, de determinados parceiros em prejuízo de outros. Essa necessidade de mudança ganha corpo à medida que a terceirização vem avançando, cada vez mais, sobre atividades mais nobres da organização. Desse modo, o empresário não tem mais o direito de errar, pois eventuais equívocos na gestão da terceirização repercutirão pesadamente nos custos.

4. Manutenção da garantia jurídica e preservação econômica da relação

A quarteirização é um instrumento para garantir que o contrato entre tomadora e prestadora seja uma espécie de fotografia do relacionamento, de modo que o que foi acordado seja efetivamente posto em prática.

Quando o processo de administração de contratos e contratações é desenvolvido por uma empresa especialista na gestão da relação com os terceiros, os riscos jurídicos gerados ao longo do relacionamento são evitados ou administrados, pois os funcionários da tomadora jamais terão contato direto com os empregados dos terceiros, sendo esta atribuição dos profissionais vinculados à administradora de contratos. Assim, dificultam-se os questionamentos judiciais baseados em suposta subordinação jurídica (característica do contrato de trabalho). Cabe ainda à empresa gestora monitorar a idoneidade econômica, fiscal e técnica dos terceiros mediante auditorias periódicas e pedidos de comprovação de pagamentos de encargos, como FGTS, Previdência e outros (ver Capítulo 7).

5. **Modulação permanente na forma de melhoria contínua**

Não basta simplesmente fazer o mínimo contratado. O diferencial ou "salto de qualidade" na terceirização está na implantação permanente de uma política de capacitação e desenvolvimento dos terceiros.

É indispensável que a contratante avalie continuamente o desempenho dos parceiros contratados, aplicando uma metodologia corporativa preventiva, em sintonia fina com as constantes alterações no grau de exigência, por força das novas regras estabelecidas pelo mercado. É fundamental o desenvolvimento de um sistema de informação gerencial que avalie regularmente o desempenho dos terceiros, aplicando-se de maneira hábil as necessárias adequações preventivas ou corretivas.

O papel da empresa gestora de contratos é buscar alternativas para atender às necessidades impostas pelo dinamismo da relação, avaliando permanentemente o terceiro e fazendo os ajustes necessários nos instrumentos contratuais. Um exemplo da importância da quarteirização, nesse caso, são as situações em que existe a necessidade de flexibilização da relação para atender aos picos e vales de mercado, característica de diversos segmentos. A quarteirização torna-se essencial para permitir avaliar e tomar as atitudes que atendam às necessidades de busca de maior equilíbrio e eficiência do contrato.

CUIDADOS NA IMPLANTAÇÃO DA QUARTEIRIZAÇÃO

A quarteirização, como qualquer ferramenta de gestão utilizada pelas empresas, visa a proporcionar melhor desempenho e maior eficiência na administração e no desenvolvimento do negócio. Entretanto, é necessário mensurar riscos e oportunidades no momento de colocar essa filosofia de gestão em prática. Planejamento, cautela e profissionalismo são elementos indispensáveis para o sucesso do projeto. Conforme abordamos em outra obra (Saratt et al., 2000), alguns cuidados devem ser levados em conta ao ser implementada a quarteirização.

1. Planejamento detalhado

São fundamentais para o sucesso da quarteirização o planejamento adequado na escolha do parceiro que administrará as relações com os terceiros e a definição com clareza dos resultados pretendidos com o processo, por meio da criação prévia de uma metodologia corporativa. Deve estar claro para a empresa que metas pretende atingir com o repasse da atividade de controle a um terceiro.

Só se pode administrar o que se conhece; logo, a gestão deve ser exercida por especialistas. É necessário que o gestor dos contratos tenha conhecimento técnico das atividades contratadas para avaliar e controlar a qualidade e a adequação do produto ou serviço fornecido. Uma empresa com conhecimento técnico não incorreria, por exemplo, no equívoco de buscar a redução de custos apenas procurando o menor preço, porque encontraria a solução em medidas como a revisão do escopo do contrato com os terceiros, de forma a diluir "gorduras", o aumento da eficiência dos resultados, com a melhoria da produtividade e do controle de qualidade, e a profissionalização constante dos terceiros.

Se não for assim, o planejamento inadequado pode acarretar a ausência de gestão, ou seja, o descontrole dos contratos terceirizados, provocando o afastamento dos terceiros da política da empresa tomadora. A escolha equivocada do gestor dos contratos provocará, em vez de redução de custos, gastos ainda maiores.

2. Contratação

Uma das etapas obrigatórias na formalização do relacionamento com a empresa gestora de contratos é a elaboração de um instrumento contratual. Nessa fase, é importante tomar alguns cuidados, tais como:

a. A contratação não pode ser vista apenas como um registro formal da relação, pois grande parte do sucesso da parceria passa justamente pela contratação adequada.

b. O contrato deve ser constituído de cláusulas acordadas com base em critérios objetivos, de possível cumprimento e redigido de forma clara, o que torna o instrumento um meio de prevenção e solução de conflitos, evitando-se "ruídos" pós-contratação, que geram sentimento de insatisfação.

c. No momento da criação do contrato, não devem estar presentes apenas os advogados, mas também pessoas ligadas à área técnica, que conhecem o cotidiano das relações internas com os terceiros. O contrato, além de espelhar a futura realidade, deve possuir objetivos cujo cumprimento seja possível.

d. Outro cuidado necessário é quanto ao objeto da contratação. A atividade contratada deve ser de administração e gestão dos contratos e da relação com os terceiros, não devendo possuir qualquer vinculação ao objeto dos contrato entre a empresa tomadora e os fornecedores.

e. Não deve ser esquecido que a empresa gestora está vendendo serviços especializados. Assim, é indispensável que o objeto de seu contrato social preveja o serviço de *administração de contratos*, na forma de quarteirização.

f. Também é importante tomar cuidado quanto à remuneração das atividades, para que esteja ancorada em resultados previamente determinados, como, por exemplo, melhoria da qualidade ou redução no nível de investimento orçamentário previsto para o setor. É possível e salutar que também sejam implantadas cláusulas de sucesso (ganho variável) com base em cumpriimento ou superação de metas. Este é um elemento motivacional, que evita a acomodação.

g. Devem fazer parte do contrato as normas técnicas e operacionais que envolvem o objeto da contratação. Evita-se, assim, o risco de que se transforme a subordinação contratual em subordinação jurídica.

h. São indispensáveis cláusulas de garantia econômica prevendo ressarcimento para a tomadora em virtude de danos ou prejuízos causados pela empresa gestora.

i. Devido à proximidade e ao contato intenso dos representantes da empresa gestora com a tomadora, também há a necessidade de cláusulas de garantia econômica para o caso de reconhecimento de vínculo de empregados da gestora com a tomadora ou em razão de reconhecimento de subsidiariedade ou solidariedade da contratante em face do descumprimento de obrigações trabalhistas e/ou previdenciárias da empresa gestora de contratos.

3. **Acompanhamento**

A transferência da gestão dos contratos e das relações com terceiros não importa em abandonar o monitoramento das atividades contratadas. Definidas as metas a serem atingidas, por meio de um processo de sintonia fina entre tomadora e gestora, os resultados que o gestor vem atingindo em relação aos terceiros geridos deverão ser avaliados de forma bastante próxima. Portanto, devem existir um fluxo definido, reuniões periódicas e um canal permanente de contato entre os representantes da empresa gestora de contratos e a empresa tomadora.

O descontrole em relação a essa etapa, pela inexistência de um eficiente sistema de informações gerenciais, poderá trazer conseqüências danosas ao negócio, que vão desde o não-cumprimento das metas preestabelecidas até a assunção de riscos que comprometem o próprio processo de terceirização. Por isso, devemos evitar que a sinergia se transforme em dispersão.

Outros aspectos relativos à contratação serão abordados no próximo capítulo.

O CICLO ACD DE SERVIÇOS

A quarteirização, a exemplo da terceirização e de outras ferramentas de gestão, está passando por uma redefinição conceitual e prática. Esse processo deve-se ao dinamismo exigido pelo mercado para que a quarteirização desempenhe seu papel e as empresas possam manter suas empresabilidade e competitividade.

Como já vimos, inicialmente, a terceirização estava voltada apenas à compra de serviços, e o foco da gestão e do gestor, portanto, estava restrito ao controle da execução desses serviços. Com a evolução para a terceirização plena, o foco da gestão passa a ser o ambiente, e o gestor deve estar atento aos diversos aspectos envolvidos no processo, além da gestão dos serviços, como o planejamento jurídico (tributário, trabalhista, previdenciário, ambiental, etc.) e a preservação econômica da relação. Do mesmo modo, com a mudança do foco unicamente no serviço, a negociação deixa de estar calcada no binômio serviço/preço e passa a ocorrer em função do novo conceito de ambiente/custo.

Com a mudança do foco da gestão, administrando-se custo e não somente preço, tornam-se necessários a permanente capacitação e o desenvolvimento contínuo do terceiro, priorizando-se políticas preventivas seletivas em substituição às ações exclusivamente corretivas. O gestor abandona a atividade de fiscalização, privilegiando o desenvolvimento do terceiro, que deixa de ser um mero fornecedor para se tornar parceiro. O grande diferencial passa a ser agregar valor em vez de privilegiar a redução de custos.

O dinamismo da gestão delegada da terceirização está demonstrando a necessidade de reavaliação de determinadas práticas e mostrando novos caminhos e possibilidades. Uma das inovações que criamos é a quarteirização por meio do Ciclo ACD de Serviços. Este é um sistema de gestão dinâmico, contínuo e estratégico que prepara o ambiente e os agentes envolvidos para a permanente busca de novos valores e a retenção de tecnologia na cadeia de relacionamentos.

O Ciclo ACD está dividido em três fases:

Fase 1 – Ambiente.

Fase 2 – Capacitação.

Fase 3 – Desenvolvimento.

1. Ambiente

Ponto em que vamos identificar uma necessidade ou avaliar uma situação já existente, com o objetivo de agregar valor a este processo ou sistema.

O ambiente é tudo o que se refere ao mercado, à empresa e ao próprio serviço. São ações típicas dessa fase a avaliação da relação existente, a cotação para a contratação de serviços, diagnósticos e acompanhamento e a análise econômica dos contratos.

Gráficos 6.2, 6.3 e 6.4. Mudança Gradual de Concepção da Quarteirização

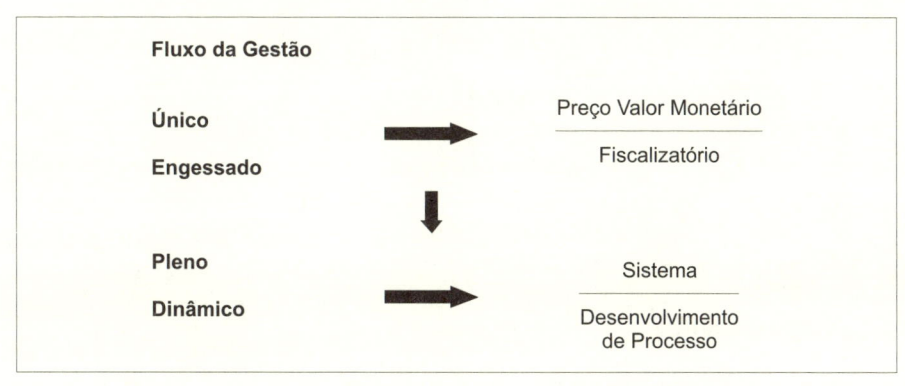

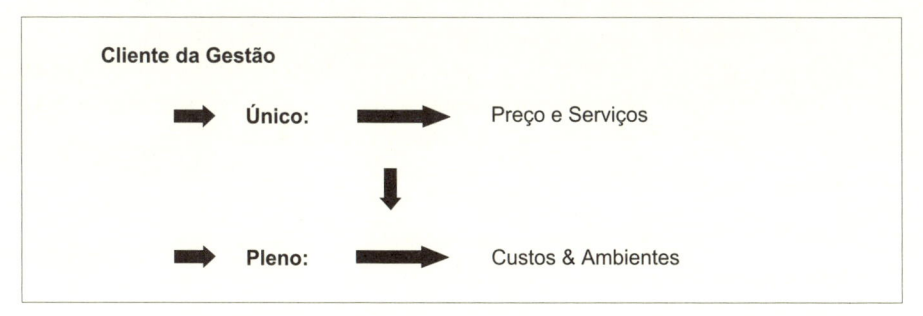

Limites da Gestão

Único: { Restrito / Preço } → Custos / Valor Monetário

↓

Pleno: { Amplo / Ambiente } → Custo / Capacitação / Tecnologia

---

Fluxo da Gestão

Único / Engessado → Preço Valor Monetário / Fiscalizatório

↓

Pleno / Dinâmico → Sistema / Desenvolvimento de Processo

Cliente da Gestão

➡ Único: ➡ Preço e Serviços

↓

➡ Pleno: ➡ Custos & Ambientes

Ao começar alguma dessas ações, o gestor deverá utilizar toda a informação referente ao serviço e correlacioná-la com os indicativos e as referências das melhores práticas, sem perder de vista os objetivos estratégicos da empresa. Nessa etapa, devem ser definidos o escopo da atividade e o melhor terceiro para sua execução, assim como o orçamento previsto.

Gráfico 6.5. O Ciclo ACD

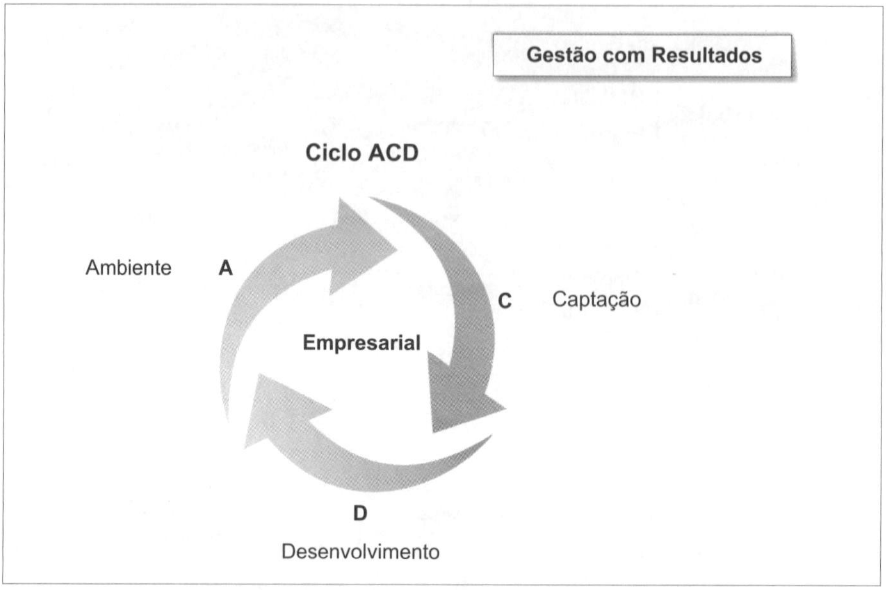

[Diagrama do Ciclo ACD: Gestão com Resultados — A Ambiente Empresarial, C Captação, D Desenvolvimento]

2. Capacitação

Ponto em que vamos capacitar o ambiente para atingir as metas preestabelecidas do processo. A palavra de ordem é capacitar, habilitando o fornecedor para que possa realizar um planejamento que permita a execução dos padrões de qualidade e produtividade do serviço, respeitando normas, procedimentos e políticas internas do cliente, além de toda a legislação necessária.

3. Desenvolvimento

Ponto em que vamos gerenciar o processo, validando a execução do planejamento aprovado. A meta desse subsistema é o desenvolvimento contínuo e a busca dos melhores índices de produtividade e qualidade dos serviços prestados.

O desenvolvimento envolve o dia-a-dia dos contratos. O gestor estabelece uma interatividade com todas as áreas usuárias do cliente, recebendo solicitações, buscando recursos próprios, já contratados e/ou disponíveis no mercado, a fim de solucionar os mais diferentes tipos de solicitações.

Vale destacar que cada fase do ciclo também configura um ciclo em si mesma, uma vez que cada uma delas é dinâmica e composta por fases internas:

Ambiente

- ➢ identificar;
- ➢ avaliar;
- ➢ agregar valor.

Capacitação

- ➢ padronizar;
- ➢ habilitar.

Desenvolvimento

- ➢ gerenciar.

Outro aspecto a ser destacado é o fato de que, cada vez que há uma mudança no ambiente, todas as fases devem adequar-se a essa mudança, que é praticamente constante, tendo como conseqüência o permanente movimento das três fases do ciclo.

Para que o Ciclo ACD de Serviços seja implementado com melhores resultados, garantindo a manutenção da empresabilidade, é importante que sua implantação seja gerenciada por uma empresa com especialização e *know-how*. Afinal, não estamos falando apenas da adoção de um novo *software* gerencial, mas de uma ferramenta de gestão que, além de estar apoiada em um bom sistema de informações gerenciais, depende de gestores qualificados e de um completo e atualizado banco de informações sobre fornecedores qualificados.

Uma ferramenta fundamental no gerenciamento do Ciclo ACD é o sistema gerencial. Por meio dele, constitui-se um banco de dados necessários para o planejamento e a definição da estratégia em relação aos serviços e são processadas as informações referentes a fornecedores e contratos.

O Ciclo ACD tem a peculiaridade de ser um sistema de gestão flexível e modulável, no qual cada uma das fases tem autonomia. Embora a execução das três fases seja indispensável para a obtenção de resultados, isso não significa que elas devam ser necessariamente executadas pelo gestor externo. É possível, por exemplo, que uma consultoria externa execute a fase do Ambiente, identificando as necessidades da empresa e fazendo um diagnóstico da terceirização por ela praticada, e que a Capacitação e o Desenvolvimento sejam realizados pela própria empresa, em sintonia com o que foi identificado pela consultoria. Muitas vezes, o cliente precisa de apoio apenas na negociação de contratos ou na busca de um melhor desempenho dos parceiros, sendo necessário contratar um gestor externo somente para a fase A e assumindo as fases C e D do ciclo.

7

A GESTÃO PLENA DA TERCEIRIZAÇÃO NA PRÁTICA

Como já foi amplamente abordado neste livro, a terceirização não é mais uma tendência, e sim uma realidade global, que cresce em ritmo acelerado e nos surpreende a cada dia com as mais diferentes formas de serviços terceirizados, criados tanto pelo mercado fornecedor, quanto pelo mercado tomador de serviços.

Esta criatividade do mercado, sem dúvida, é positiva, agrega valor e traz consigo, além de especialização, desenvolvimento, melhoria de qualidade e produtividade, o desafio de utilizar o processo de terceirização de forma otimizada com o menor risco possível.

Podemos comparar a terceirização às aplicações do mercado financeiro, nas quais, quanto maior a oportunidade de ganhos econômicos e de eficiência, maiores os riscos envolvidos. A meta de ganhos com a terceirização pode ser atingida com segurança, por meio do controle e da redução dos riscos.

Neste capítulo apresentamos uma visão geral das principais ocorrências e problemas da terceirização e as ações preventivas que devem ser implementadas pelas organizações que terceirizam, de forma a garantir a maximização de resultados com o menor risco possível.

Na vivência em consultoria em terceirização, o que mais chama a atenção são as respostas dos gestores das empresas tomadoras de serviços terceirizados. Quando questionados sobre a existência de um processo de gestão plena de terceirização, os gestores normalmente respondem rapidamente: "É lógico que temos! Como poderíamos terceirizar sem um método de controle?". Isso porque a gestão de terceirização é conhecida e entendida pelos gestores como a gestão operacional realizada pela empresa tomadora do serviço em relação aos prestadores, visando garantir a entrega do serviço ou produto terceirizado dentro dos prazos, especificações e qualidade previamente acordados entre as partes em contrato.

Depois de alguns minutos de conversa com os gestores, o que normalmente detectamos é que a gestão realizada pelo tomador é somente operacional, e não das obrigações legais a serem cumpridas pelas empresas terceirizadas. Após um breve esclarecimento sobre a abrangência deste processo, a resposta muda para: "Não, isto nós não fazemos. O que fazemos é a gestão operacional dos terceiros".

A gestão de terceiros restrita somente ao cunho operacional é preocupante, pois, dessa forma, os riscos da terceirização não estão sendo controlados pelas empresas tomadoras, muitas vezes por desconhecimento de sua responsabilidade no processo e dos cuidados necessários para evitar problemas futuros e acúmulo de passivo trabalhista.

Na prática, a gestão plena da terceirização promove um controle constante da legalidade e riscos da terceirização exercida pela empresa tomadora de serviço e deve obedecer ao cumprimento de quatro importantes itens:

> Os prestadores (empresas) estão legalmente aptos e autorizados a prestar o serviço contratado?
> Os prestadores cumprem as obrigações fiscais, trabalhistas e previdenciárias?
> Qual o nível de dependência econômica do prestador em relação ao tomador de serviço?
> As condições de trabalho (saúde e segurança do trabalho) dos empregados terceiros estão adequadas à legislação trabalhista?

O desconhecimento por parte das empresas tomadoras de serviço sobre a responsabilidade solidária ou subsidiária que lhes cabe, no caso de irregularidades, somado ao grande contingente de empresas terceirizadas, tem gerado um crescimento no número de processos trabalhistas ocasionados pelo descumprimento das obrigações legais e de saúde e segurança do trabalho.

As conseqüências vão desde prejuízo na imagem da empresa tomadora, passando por despesas jurídicas e judiciais para defesa em juízo, até o impacto negativo em resultados do balanço patrimonial, gerado pela necessidade crescente de constituição de provisões, cada vez maiores, para pagamento dos processos trabalhistas envolvendo terceiros.

Atualmente, algumas empresas tomadoras de serviços pertencentes a setores da indústria com normas mais rígidas para operação, tais como indústrias de papel e celulose, distribuição de energia elétrica, cosméticos, entre outras, já adotam a prática da gestão plena da terceirização com sucesso e têm percebido a importância deste trabalho em seus resultados.

Os setores de serviços, tais como bancos e empresas de telecomunicações, que possuem grande contingente de terceiros e vêm amargando perdas e elevando os índices de processos trabalhistas, começam a se preocupar com a questão. No momento, estes setores estão realizando estudos com apoio de consultorias especializadas para avaliar os riscos, tomar medidas preventivas e avaliando a criação de área de gestão de contratos internas ou terceirizadas.

A REALIDADE DA GESTÃO DA TERCEIRIZAÇÃO NO BRASIL

Com base nas experiências obtidas em consultoria e prestação de serviço de gestão plena de terceirização nas empresas tomadoras de serviço, traçaremos a seguir um cenário do que identificamos no mercado brasileiro, ilustrando com situações e casos reais a necessidade de atenção e maior aprofundamento das organizações no tema terceirização.

Para facilitar o entendimento, dividimos as situações mais comumente identificadas nas organizações que terceirizam em três itens:

1. Situações de risco na documentação – legalidade da terceirização.
2. Situações de risco no dia-a-dia da relação com os terceiros.
3. Práticas de controle e gestão da terceirização que não reduzem os riscos.

1. Situações de Risco na Documentação – Legalidade da Terceirização

A legalidade da terceirização é suportada por um conjunto de documentos que devem ser apresentados pela empresa prestadora antes do início e durante a prestação do serviço, além da assinatura do contrato pelas duas partes. Alguns documentos exigidos têm periodicidade de entrega mensal, outros, semestral e anual. Diversos podem ser os problemas, desde o não envio da documentação, até a apresentação da mesma com desconformidades.

Abaixo, citamos algumas irregularidades encontradas neste item:

a. Atividade do objeto contratual (contrato de prestação de serviços) não prevista no objeto social do prestador de serviço.

Exemplos de casos reais:

Caso 1 – Objeto social completamente difuso do contratado

Objeto social

"A sociedade terá como objetivo principal o comércio de peças e equipamentos eletrônicos e assistência técnica em sistemas de sonorização."

Objeto contratual

"Constitui objeto deste contrato, a prestação de serviços de consultoria em Engenharia Industrial contemplando as seguintes atividades:

1.1.1 – execução e acompanhamento de planejamento de projetos de engenharia;

1.1.2 – análise técnica de custos para implantação de projetos de engenharia;

1.1.3 – elaboração de estudos de viabilidade técnica financeira de projetos de engenharia."

Caso 2 – Objeto social amplo e completamente difuso do contratado

Objeto social

"A sociedade tem por objetivo a prestação de serviço de fornecimento de alimentação (marmita), serviços de agenciamento e locação de mão-de-obra, serviço de higiene e limpeza, portaria e conservação, executados em prédios e domicílios, serviços de reparação, manutenção e instalação de placas luminosas e representação comercial."

Objeto contratual

"O objeto do presente contrato é a prestação de serviços auxiliares de movimentação de cargas pela contratada, por meio de seus empregados contratados e/ou prepostos, profissionais devidamente qualificados e habilitados para o exercício da atividade."

- Início da prestação de serviço sem contrato formalizado e ou devidamente assinado.
- Inexistência ou falhas de controle em relação aos itens contratuais: vigência, valores e obrigações.
- Geralmente existe nos contratos cláusula que exige a entrega da documentação fiscal, trabalhista e previdenciária, sob pena de bloqueio de pagamento. Em muitos casos, a documentação não é entregue, e a empresa tomadora não executa cobrança por falta de controle.
- Tomadores de serviço controlam a entrega da documentação, mas não analisam sua veracidade e o correto pagamento dos valores. Nos monitoramentos que realizamos, as ocorrências mais freqüentes são pagamentos irregulares de benefícios em folha (vale-transporte, vale-refeição, etc.) sem incidência de encargos, com impacto nos recolhimentos de FGTS, INSS e IRRF, e pagamento de verbas fora da folha de pagamento (prêmios, horas extras e adicionais), entre outros.
- Uma quantidade reduzida de organizações que terceirizam serviços realiza a análise da documentação, e, destas, um número irrisório bloqueia o pagamento em caso de não envio ou de irregularidade.
- Nas empresas que aplicaram o bloqueio de pagamento o resultado obtido foi a imediata regularização e alteração na prática das empresas terceiras, que, a partir deste momento, passaram a cumprir as obrigações legais e a enviar regularmente a documentação à tomadora.

- ➢ As empresas tomadoras que afirmam a realização da conferência da documentação atribuem esta responsabilidade aos gestores operacionais, que não possuem conhecimento técnico para avaliar a qualidade da documentação apresentada, já que é necessário o domínio de rotinas de RH, como, por exemplo, elaboração de folha de pagamento, e conhecimento da legislação trabalhista e previdenciária. Na prática, no máximo os gestores conferem a lista de documentos entregues com a exigida no contrato.

- ➢ Renovação de contratos contemplando novos prazos, escopo de serviço e preços ocorre sem a devida oficialização, através de novos aditamentos.

2. Situações de Risco no Dia-a-dia da Relação com os Terceiros

Sem dúvida, é na relação diária com o terceiro que o maior índice de riscos é gerado. Isto se agrava pelo fato de a maioria dos gestores das empresas tomadoras de serviços desconhecerem que certas atitudes no dia-a-dia da relação com o terceiro podem colocar a empresa em risco.

Apontamos a seguir as ocorrências mais freqüentes que geram este tipo de situação:

- ➢ A maioria das organizações tomadoras de serviços não preparou e formou seus gestores para lidar com a terceirização, exceto no âmbito operacional.

- ➢ Inexiste uma orientação oficial e padronizada relacionada à forma de gestão de terceiros, gerando risco jurídico e econômico por desconhecimento dos gestores das normas que regem a terceirização.

- ➢ Empregados de terceiros realizam atividade semelhante ou a mesma que funcionários da tomadora e/ou atuam no mesmo ambiente sem uma separação ou identificação, gerando possibilidade de vínculo empregatício.

- ➢ Em algumas empresas, os terceiros recebem ordens diretas "administrativas" (subordinação jurídica) de funcionários da empresa tomadora do serviço e são tratados como se fossem subordinados diretos.

- São realizadas contratações de pessoa jurídica composta por uma única pessoa com exclusividade na prestação do serviço, comuns na área de tecnologia da informação, sem os devidos cuidados.
- Empregados de terceiros realizam atividades fora do escopo contratado para suprir uma necessidade imediata da empresa, normalmente por solicitação dos próprios gestores.
- Não há controle efetivo das subcontratações e existem casos em que não há conhecimento e/ou validação das áreas gestoras da empresa tomadora.
- Gestores não possuem ferramentas unificadas que facilitem a gestão e o controle de informações relativas a terceiros.
- Existem desvios de função entre o serviço contratado e o efetivamente realizado.
- Existe a geração de passivo trabalhista nos casos de reaproveitamento dos recursos, por exigência da empresa tomadora, na substituição de fornecedor, sem verificação do cumprimento das obrigações pelo antigo prestador.
- Ocorrem processos trabalhistas de terceiros, com requerimentos de vínculo empregatício e pagamento de horas extras. Usualmente as tomadoras são condenadas porque não possuem evidências de controles.
- São feitas autuações pela fiscalização do Ministério do Trabalho e Emprego.
- O Ministério Público do Trabalho atua através de termos de ajuste de conduta ou procedimentos investigatórios, visando o ingresso de ação civil pública, o que, em algumas oportunidades, gera inclusive a obrigação da empresa tomadora de reintegrar todo um setor terceirizado.
- Em empresas tomadoras, onde as atividades terceirizadas são executadas no campo, longe da base industrial, o volume de irregularidades se concentra nas más condições de transporte, alimentação, não utilização de equipamentos de proteção individual (EPI) e até na identificação de trabalho de menores na empresa terceirizada.

3. Práticas de Controle e Gestão da Terceirização que não Reduzem os Riscos

Há um consenso entre os gestores de que é necessário se ter conhecimento da amplitude da terceirização nas organizações, pois se trata de um movimento estratégico que traz grandes benefícios e que necessita ter seu desempenho avaliado e seus riscos controlados.

Observamos que cada empresa tomadora de serviços possui controles que variam dos mais simples até os mais criteriosos, de acordo com suas necessidades internas ou exigências do setor em que atuam. Entretanto, a vivência e o contato com as organizações revelam que mesmo os controles mais criteriosos usualmente utilizados não são suficientes e não reduzem os riscos da terceirização.

A situação encontrada nas empresas em relação aos controles é a seguinte:

> A maioria dos tomadores de serviço não possui informação centralizada, total e oficial sobre o volume de empresas terceirizadas, serviços e empregados terceiros. Algumas possuem apenas uma vaga idéia deste total.

> Existem controles paralelos, de acordo com a necessidade de cada área. As empresas não possuem um sistema de apoio para a realização do gerenciamento.

> Não há controle efetivo dos terceiros que atuam nas dependências da empresa ou que acessam seus sistemas; normalmente é realizado um cadastro inicial, mas este não é atualizado com as movimentações referentes a férias, licenças e rescisões, etc.

> O controle de acesso físico e lógico da empresa tomadora é frágil. A maioria possui total dependência do envio da informação dos prestadores relativa às movimentações de terceiros, permitindo que, por certo período de tempo, estes tenham permissão de acesso, apesar de não atuarem mais na empresa.

> Alguns prestadores possuem dependência econômica da tomadora em nível acentuado. Não existe controle sobre as mudanças da saúde financeira dos prestadores durante a prestação do serviço.

Tal cenário, aliado à tendência de crescimento global da terceirização e ao progressivo volume de processos trabalhistas movidos por terceiros, expõe a necessidade de ações concretas que mitiguem ou reduzam estes riscos. A estruturação e a implementação dessas ações são foco da gestão plena da terceirização, como veremos a seguir.

O DIFERENCIAL DA GESTÃO PLENA DA TERCEIRIZAÇÃO

Dado o volume crescente de terceiros e o acúmulo de perdas de ações trabalhistas geradas pela prática inadequada da terceirização, as organizações começam a perceber que os cuidados com a administração de Recursos Humanos não pode ser restrito apenas aos empregados de sua empresa, mas devem também ser estendidos aos terceiros. Existem casos em que o número de terceiros é muito maior do que o de funcionários, o que aumenta mais ainda o risco.

A gestão plena da terceirização vem ao encontro desta necessidade e tem como objetivo principal agregar valor às organizações, tratando o tema com enfoque preventivo, corretivo e com visão jurídica, visando contribuir para que as atividades terceirizadas sejam realizadas por empresas especialistas, sem a geração de riscos, auxiliando a empresa tomadora do serviço a concentrar energia e esforços no desenvolvimento de sua atividade principal (*core business*) e assim possam criar vantagens competitivas em relação a seus concorrentes.

O processo de gestão deve estar em constante aperfeiçoamento, pois a cada dia surgem novas situações internas e externas que alteram o cenário de negócios, exigindo um novo reposicionamento empresarial. A gestão plena da terceirização acompanha estes movimentos e propõe soluções inovadoras que viabilizem a adaptação das empresas.

Na prática, ela proporciona um controle intensivo dos riscos inerentes ao processo de terceirização, principalmente os riscos trabalhistas que geram maior impacto financeiro.

No âmbito macro, o processo é composto de:

➢ diagnóstico da terceirização praticada;
➢ avaliação do potencial de riscos;

- quantificação dos riscos;
- implementação de processos de gestão da terceirização;
- controle e monitoramento das empresas terceirizadas (contratos, terceiros, obrigações);
- atribuição de responsabilidades no processo de gestão na organização que terceiriza;
- aspectos relacionados à saúde e à segurança do trabalho;
- geração e divulgação de informações relativas à situação da terceirização da empresa (irregularidade, riscos, planos de ação, etc.) que suportem a tomada de decisão.

A seguir, no Gráfico 7.1, apresentamos um modelo de estrutura analítica de projeto de gestão da terceirização.

A área de gestão usualmente está subordinada à área de RH das empresas e as atividades operacionais de gestão da terceirização em geral também são terceirizadas. É possível serem realizadas por funcionários do RH do próprio tomador de serviço, porém, na prática, as empresas costumam contratar terceiros especializados nessas atividades.

O processo de gestão envolve outras áreas da empresa, que fornecem suporte técnico e informações e participam ativamente do processo, dependendo da fase em que este se encontre, como, por exemplo, Jurídico, Compras, Área Gestora, Financeiro, Segurança Física, Segurança Lógica, entre outras. Estas áreas são envolvidas de acordo com a necessidade e tudo é administrado pela equipe da área de gestão de terceiros.

Considerando a quantidade de dados e as informações e atividades inerentes à gestão, é necessária a utilização de um sistema para suporte que mantenha uma base de dados única e centralizada, com as seguintes funcionalidades:

- gerenciamento dos contratos;
- gestão de obrigações legais das empresas terceirizadas e seus recursos;
- gerenciamento da performance dos fornecedores;

A GESTÃO PLENA DA TERCEIRIZAÇÃO NA PRÁTICA 63

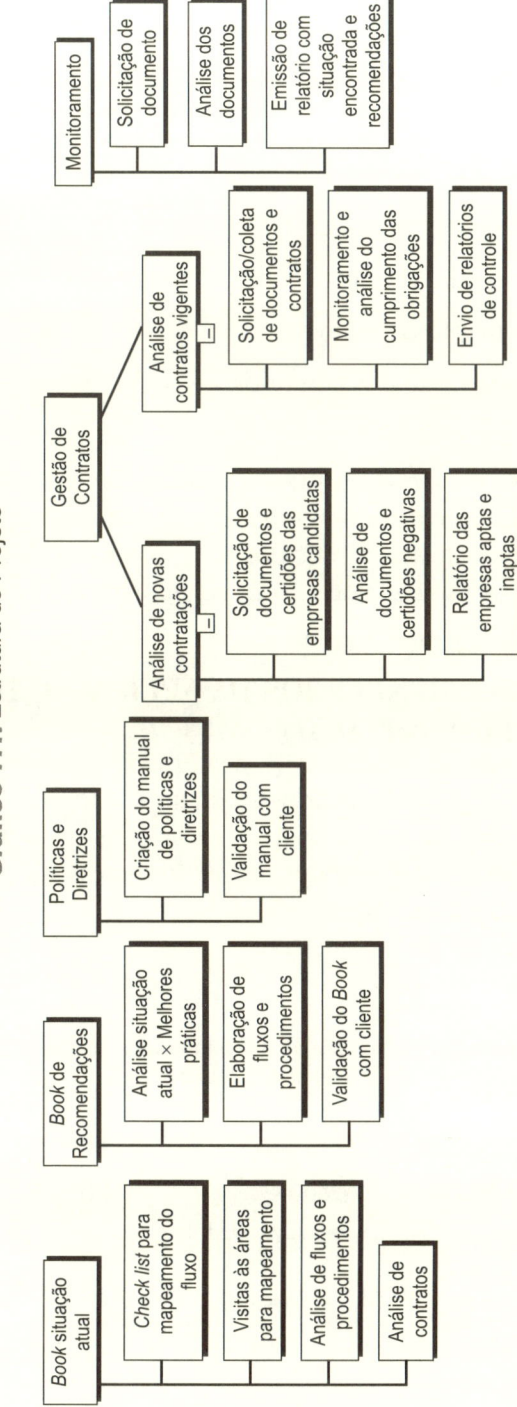

Gráfico 7.1. Estrutura do Projeto

- Book situação atual
  - Check list para mapeamento do fluxo
  - Visitas às áreas para mapeamento
  - Análise de fluxos e procedimentos
  - Análise de contratos

- Book de Recomendações
  - Análise situação atual × Melhores práticas
  - Elaboração de fluxos e procedimentos
  - Validação do Book com cliente

- Políticas e Diretrizes
  - Criação do manual de políticas e diretrizes
  - Validação do manual com cliente

- Gestão de Contratos
  - Análise de novas contratações
    - Solicitação de documentos e certidões das empresas candidatas
    - Análise de documentos e certidões negativas
    - Relatório das empresas aptas e inaptas
  - Análise de contratos vigentes
    - Solicitação/coleta de documentos e contratos
    - Monitoramento e análise do cumprimento das obrigações
    - Envio de relatórios de controle

- Monitoramento
  - Solicitação de documento
  - Análise dos documentos
  - Emissão de relatório com situação encontrada e recomendações

- gerenciamento do pessoal de terceiros;
- acesso do pessoal de terceiros aos sistemas de informação do tomador;
- acesso físico de pessoal de terceiros;
- gerenciamento de documentos;
- gerenciamento da vigência dos contratos;
- gerenciamento de aditivos;
- gestão financeira dos contratos.

O mercado dispõe de *softwares* com as funcionalidades anteriormente mencionadas e devidamente aptos para o suporte às áreas de gestão, alguns deles, inclusive, fornecidos como *softwares* de serviço, em uma espécie de aluguel da tecnologia e dos servidores para hospedagem.

RESULTADOS E BENEFÍCIOS DA APLICAÇÃO DA GESTÃO PLENA DA TERCEIRIZAÇÃO

Para exemplificar os resultados e benefícios tangíveis da gestão plena da terceirização, apresentaremos a seguir gráficos relativos à situação de um de nossos clientes, que demonstram as diferenças antes e depois de sua aplicação, bem como os resultados obtidos.

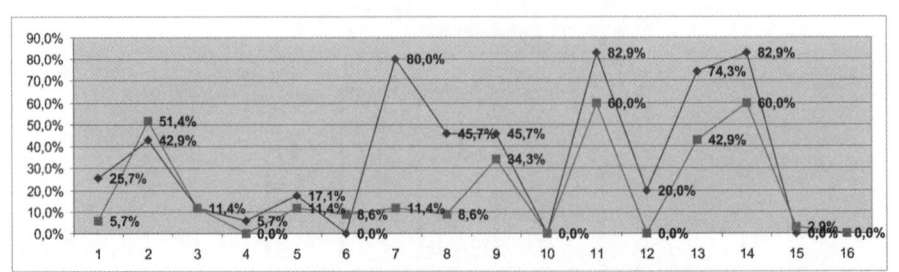

Gráfico 7.2. Variação Percentual de Irregularidades na Documentação Antes e Depois da Análise

DOCUMENTAÇÃO ANALISADA E IRREGULARIDADES IDENTIFICADAS

1. Atestado de Saúde Ocupacional (ASO) admissional/demissional com atraso.
2. Atestado de Saúde Ocupacional (ASO) admissional/demissional – não realização.
3. Cadastro Geral de Empregados e Desempregados (CAGED) com irregularidade de informações.
4. Ficha de Registro de Empregado com preenchimento incorreto.
5. Rescisão com erro de cálculo.
6. Descanso semanal remunerado – pagamento a menor.
7. Descanso semanal remunerado – falta de pagamento sobre horas extras.
8. Descanso semanal remunerado – falta de pagamento sobre adicional noturno.
9. Descanso semanal remunerado – falta de pagamento sobre horas *in itinere*.
10. Férias – pagamento incorreto.
11. Folha de pagamento – erros de cálculo.
12. Documentação mensal incompleta.
13. Documentação mensal – falta de envio.
14. Encargos – erros de pagamento.
15. Relação Anual de Informações Sociais (RAIS) – não apresentada.
16. Relação Anual de Informações Sociais (RAIS) – não fornecida.

Análise do Gráfico 7.2

Interpretando o Gráfico 7.2 é possível verificar as melhorias obtidas com o processo:

Atestado de Saúde Ocupacional: o atraso no envio sofreu redução de 78% a partir das notificações.

Não-realização do exame: houve aumento de 8,5%. Os prestadores justificaram que os empregados não compareceram para a realização dos exames no 1º semestre; no 2º semestre esta justificativa passou a não ser mais aceita, gerando aumento no índice.

Ficha de Registro – preenchimento incorreto: houve redução de 100% após notificações.

Rescisão – erro de cálculo: houve redução de 34% após notificações.

Descanso semanal remunerado – pagamento a menor: o índice passou de 0% para 92%, pois no primeiro semestre a verba DSR não era paga aos prestadores e no segundo semestre, após as notificações, começou a ser paga, porém com erro de cálculo.

Falta de pagamento sobre horas extras – houve redução de 86% após notificações.

Falta de pagamento sobre adicional noturno: houve redução de 82% após notificações.

Falta de pagamento sobre horas *in itinere*: houve redução de 25% após notificações.

Folha de pagamento com erros – houve redução de 28%, após regularização das situações mencionadas.

Status de envio da documentação mensal:

– incompleta: a redução foi de 100% após notificações;

– falta de envio: a redução foi de 43% após notificações.

Encargos com erros de pagamento: ocorreu uma redução de 27% a partir das correções em folha de pagamento, que geraram reflexos nos recolhimentos dos encargos.

Não-apresentação da RAIS: redução de 98%, a partir de notificações das empresas subcontratadas, no caso de profissionais autônomos que não efetuaram entrega de RAIS negativa.

O gráfico a seguir ilustra as irregularidades identificadas nas visitas "em campo", nas quais os trabalhadores são entrevistados sobre as condições de trabalho e cumprimento de obrigações pelo seu empregador (empresa terceirizada).

Gráfico 7.3. Variação Percentual de Irregularidades nas Visitas "Em Campo" Antes e Após a Análise

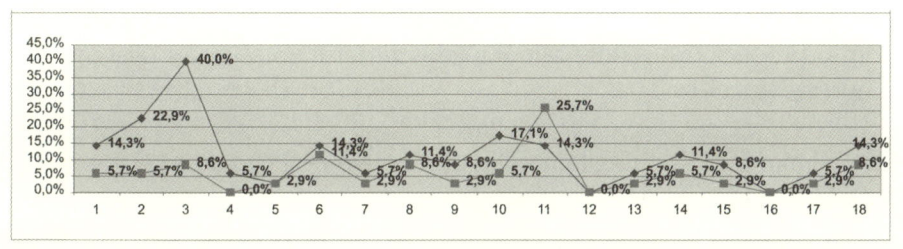

Itens avaliados e irregularidades identificadas

1. Alimentação – irregular/qualidade.
2. Transporte – condições irregulares.
3. Atestado de Saúde Ocupacional (ASO) – exame periódico com atraso.
4. Equipamentos de proteção individual (EPI) – falta de fornecimento.
5. Não pagamento de adicional noturno.
6. Compra de férias.
7. Férias vencidas.
8. Horas *in itinere*.
9. Horas extras – pagamento fora da folha.
10. Horas extras – falta de pagamento.
11. Prêmios – pagamento fora da folha.
12. Pagamento em cheque sem fundos.
13. Pagamento em cheque sem liberação de horário para saque.
14. Salário em atraso.
15. Contracheques – falta de entrega.
16. Trabalho de menor.
17. Falta de registro em carteira de trabalho.
18. Registro em carteira de trabalho após data de admissão.

Análise do Gráfico 7.3

Interpretando o Gráfico 7.3 é possível verificar as melhorias obtidas com o processo de monitoramento do cumprimento das obrigações das empresas terceirizadas:

Alimentação – irregular/qualidade: houve redução de 61% nas reclamações a partir das notificações.

Transporte – condições irregulares: houve redução de 75% nas reclamações a partir das notificações.

Atestado de Saúde Ocupacional: o atraso no envio sofreu redução de 79% após as notificações.

Falta de fornecimento de EPI: houve redução de 100% após as notificações.

Falta de pagamento do adicional noturno: não houve alteração após as notificações.

Férias:

➢ compra de férias: houve uma redução de 20% após as notificações;

➢ férias vencidas: houve redução de 57% após as notificações;

➢ horas *in itinere*: houve redução de 25% após as notificações.

Horas extras:

➢ pagamento fora da folha: houve redução de 67% após as notificações;

➢ falta de pagamento: houve redução de 67% após as notificações;

➢ prêmios – pagamento fora da folha: somente pela análise da folha não era possível detectar o pagamento deste prêmio. A partir da descoberta, durante a entrevista com o trabalhador, da existência deste prêmio que deveria ser pago via folha de pagamento, houve aumento no índice de irregularidades de 45%, que passou a ser cobrado das empresas;

➢ pagamento em cheque sem liberação de horário para saque: ocorreu redução de 57% após as notificações;

- salário em atraso: ocorreu redução de 50% após as notificações;
- contracheque – falta de entrega: houve redução de 67% após as notificações;
- carteira de trabalho sem registro: houve redução de 50% após as notificações;
- registro em carteira após a data de admissão: a redução foi de 40% após as notificações.

Parte da prática da gestão plena da terceirização foi demonstrada neste exemplo, tornando visível a existência de irregularidades e os progressos em termos de redução de riscos.

É comum encontrarmos este tipo de situação nas empresas, e isto é preocupante para o tomador de serviços, pois expõe a organização a uma série de riscos que podem em curto, médio ou longo prazos acarretar impactos financeiros e de imagem.

Em resumo, diversos são os benefícios da gestão plena da terceirização para as organizações:

- controle e gestão efetivos da terceirização praticada;
- redução dos riscos de multas na fiscalização dos Ministérios do Trabalho e da Previdência Social;
- prevenção e redução do passivo trabalhista de terceiros contra a empresa;
- padronização de processos e procedimentos na gestão de terceiros em toda a organização;
- redução dos níveis de provisões para ações trabalhistas;
- redução de riscos de imagem institucional.

A monitoração freqüente dos fornecedores envolvidos na terceirização é uma das principais ferramentas para a busca da melhoria contínua, auxiliando a organização tomadora a atingir suas metas e a conquistar uma melhor situação competitiva e estratégica.

A gestão plena da terceirização proporciona ganhos econômicos significativos através de uma maior integração entre o tomador de serviços e as empresas terceirizadas, gerando benefícios para ambas as partes por meio de troca de conhecimentos. Do lado do fornecedor isso significa garantia de qualidade e legalidade na prestação dos serviços, melhorando sua imagem no mercado, enquanto, do ponto de vista do tomador, representa a economia em despesas com multas e processos trabalhistas relativos à terceirização. Isto ocorre porque o passivo é gerado no dia-a-dia da operação, e o simples monitoramento de guias ou recebimento de documentos, usualmente praticado pelas organizações, não representa resultados significativos, ainda mais considerando que a prescrição dos direitos trabalhistas é de cinco anos. Ou seja: somente as empresas nas quais a gestão de risco da terceirização é praticada têm efetivo resultado quanto à saúde financeira do prestador e quanto ao cumprimento das obrigações trabalhistas, fiscais e previdenciárias.

Além disso, a gestão plena da terceirização também é uma ação de responsabilidade social das empresas tomadoras de serviços, que efetivamente implementam ações que beneficiam os empregados de terceiros, contribuindo para que os direitos destes sejam cumpridos pelos seus empregadores, beneficiando, assim, de forma indireta, a comunidade na qual está inserida.

8

O CENÁRIO JURÍDICO DA TERCEIRIZAÇÃO

Para que possamos ter uma compreensão mais ampla dos aspectos jurídicos que envolvem a terceirização no Brasil, é fundamental entender a maneira como as relações de trabalho são concebidas pelo poder público em nosso país, em especial pelos poderes Executivo e Judiciário. Analisando-se a legislação vigente, podemos observar que, embora tenham ocorrido significativos avanços, ainda impera um perfil claramente intervencionista por parte do Estado, calcado, em grande medida, em normas rígidas e ultrapassadas, que não condizem mais com a realidade social e econômica atual.

No mundo inteiro, a relação capital/trabalho é balizada por direitos e deveres, mudando apenas quem estabelece as regras. Em alguns países, encontramos o sistema estatutário, no qual as relações trabalhistas são normatizadas por leis, que nada mais são do que instrumentos estatais de controle. Nesses países, o Estado interfere diretamente no relacionamento entre as partes, reduzindo significativamente a margem para negociação. As partes são obrigadas a seguir regras gerais impostas que, de modo geral, não levam em consideração peculiaridades individuais.

Entretanto, na maioria dos países, são as partes envolvidas que definem os termos do contrato. É o chamado sistema negocial, caracterizado pela autonomia das partes para negociar livremente, sem interferência do Estado. Empresas e trabalhadores formam uma espécie de lei privada, aplicável no âmbito de suas relações. O Estado age como observador e intervém apenas quando não há consenso.

Não podemos deixar de destacar, porém, que o Brasil apresenta uma forte tendência à adoção do sistema negocial, que consideramos o mais inteligente. Por meio das negociações entre sindicatos patronais e dos empregados, sem qualquer interferência do Estado, muitos direitos e deveres já estão sendo estabelecidos nos chamados acordos coletivos e convenções coletivas. Volta à discussão a adoção do contrato coletivo de trabalho, possibilitando-se a negociação direta entre patrões e empregados por categoria profissional, por segmento econômico ou até mesmo por empresa.

Ao longo do tempo, a intervenção estatal, o engessamento das regras da relação laboral, a interpretação paternalista da lei e a aplicação irrestrita do princípio de proteção ao trabalhador geraram ineficiência, encargos sociais e custos incompatíveis com a necessidade do país de desenvolver vantagens competitivas. A respeito, citamos o que diz Pastore (2000, p. 116):

> "O Brasil desenvolveu ao longo de várias décadas um imenso cipoal de leis e sentenças trabalhistas como tentativa de organizar o mercado de trabalho, evitar e resolver os conflitos entre as partes. Depois de todo esse esforço verifica-se que, no que tange à organização, o poder desse aparato legal está cada vez menor, pois hoje é de quase 60% a parcela da força de trabalho que está fora da proteção legal – no mercado informal.
>
> No que tange à prevenção e resolução de conflitos, verifica-se um crescimento contínuo das desavenças entre as partes e do número de ações trabalhistas. (...) A capacidade inibidora do conflito nessa área é nula. Ao contrário, está provado que o nosso sistema de resolução de impasses através da Justiça do Trabalho constitui um eficiente estímulo ao conflito entre as partes".

Outro sinal do interesse do Estado em reduzir sua intervenção nos conflitos da relação capital/trabalho foi a edição da Lei nº 9.958/00, que criou as comissões de conciliação prévia. Essa proposta legislativa é um modelo que permite a solução do conflito trabalhista antes mesmo que este chegue ao Poder Judiciário, eliminando a sobrecarga da Justiça do Trabalho pela redução do número de reclamatórias trabalhistas, iniciativa que, infelizmente, não se mostrou eficaz.

Ainda assim, a Constituição Federal e a CLT continuam regulamentando inúmeras garantias básicas, impossíveis de serem levadas à mesa de negociação. Salientamos que o Brasil é o único país no mundo cuja Constituição disciplina de maneira detalhada aspectos referentes aos contratos de trabalho, conforme podemos observar no Capítulo II, *Dos Direitos Sociais*, e em diversos incisos do art. 7º, em que estão definidos adicionais de remuneração e duração de jornada de trabalho, entre outros.

Podemos compreender a presença ainda tão marcante do Estado nas relações trabalhistas como uma contingência das acentuadas diferenças existentes em um país onde convivem tantas realidades distintas como o Brasil. Um bom exemplo é a definição legal do salário mínimo nacional e regional. Mesmo que na Região Sul isso tenha um impacto pouco significativo, já que quase todas as categorias profissionais possuem um piso salarial bem superior, na maior parte do Norte e do Nordeste a importância de haver um salário mínimo definido em lei é fundamental, pois a organização sindical dos trabalhadores é precária. Por essa e por outras razões, o Estado permanece interferindo na relação capital/trabalho e protegendo o empregado a fim de buscar um mínimo de equilíbrio. A interferência estatal também se dá de outras maneiras, pelo excesso de regras de procedimento, como, por exemplo, no caso das normas de segurança e saúde no trabalho.

Diante da evolução social e das mudanças trazidas pela globalização, o Estado brasileiro vem demonstrando interesse político em desregulamentar o mercado de trabalho, por entender que somente assim será possível manter a competitividade das empresas e atrair novos investimentos. A desregulamentação significa a saída do Estado da relação capital/trabalho, ou seja, a passagem do ultrapassado sistema estatutário para o moderno sistema negocial.

EMPREGO *VERSUS* TERCEIRIZAÇÃO

Para que possamos compreender adequadamente o processo de terceirização e, em especial, os requisitos que o tornam lícito, sem que vislumbremos a nefasta figura da fraude trabalhista, com a lesão aos recursos humanos envolvidos, é fundamental que seja feita a distinção entre o contrato de emprego e o contrato de terceirização – que poderá ser de prestação de serviços ou de transferência de atividades e tecnologia – e as relações que deste emanam. A necessidade de estudar a relação de emprego está no fato de ela constituir o cerne de todo o direito do trabalho. Não há instituto dentro do ordenamento jurídico laboral que não vise, mediata ou imediatamente, à relação de emprego (Araújo, 1996, p. 114).

O tema é complexo, e não temos a pretensão de esgotá-lo nesse estudo, razão pela qual optamos por uma abordagem resumida para fins didáticos.

1. Contrato de emprego

Pode-se dizer que a noção de contrato de emprego é a soma das disposições dos arts. 2º e 3º da CLT. Tais disposições são indissociáveis diante da caracterização de empregador e empregado, pois sem o primeiro não haverá o segundo.

O art. 3º, *caput* da CLT, afirma: "Considera-se empregado toda pessoa física que prestar serviços de natureza não eventual a empregador, sob a dependência deste e mediante salário".

Portanto, a elaboração do conceito decorre da compreensão de quatro elementos essenciais ou obrigatórios que identificam sua prestação na relação de emprego. Tais elementos essenciais ou obrigatórios, porque sem eles o trabalhador não será empregado, são: subordinação jurídica, pessoalidade, onerosidade e não-eventualidade. Passemos à análise de cada um desses elementos, caracterizadores da relação de emprego.

1.1 Subordinação jurídica

A subordinação jurídica é o elemento que marca mais claramente a relação de emprego: é o empregador quem determina quando e como serão realizadas as tarefas, cabendo a ele definir, por exemplo, o horário de trabalho e o período de férias. A característica marcante da subordinação jurídica é o poder de comando exercido pelo empregador a que o empregado está obrigado.

Pinto (1993, p. 105) destaca que a subordinação é o mais conhecido traço da prestação de trabalho pelo empregado e antecipa-se à própria realização do trabalho, "justamente porque o empregador, com seu poder de dirigi-la, já tem o empregado à mercê de suas ordens, independentemente de dá-las".

Desse modo, o empregado encontra-se em estado de sujeição para com o empregador, que o torna dependente, na relação de emprego, esteja ou não efetivamente prestando seu serviço, eis que esse labor lhe poderá ser exigido pelo outro contratante no momento em que lhe interessar.

1.2 Pessoalidade

A pessoalidade é outra característica essencial da relação de emprego, claramente manifestada através das disposições inscritas nos arts. 2º e 3º da CLT.

Esse elemento, de fundamental importância para a caracterização da relação de emprego, significa que o empregado não pode se fazer substituir por outro, devendo o serviço ser prestado sempre pelo agente que foi contratado para realizá-lo. Uma vez permitida a substituição, ainda que temporariamente, nasce outra relação jurídica, de natureza não-empregatícia.

1.3 Onerosidade

O contrato de emprego é também uma relação onerosa, caracterizada pela venda da força de trabalho. Significa a troca do tempo trabalhado por uma remuneração, que pode ser exclusivamente em dinheiro ou parte em dinheiro e parte em outros benefícios, tais como auxílio-alimentação, auxílio-creche, etc.

1.4 Não-eventualidade

A não-eventualidade, também chamada de permanência ou habitualidade, é outra característica que define um contrato de emprego. Ela está presente quando o empregado fica à disposição do empregador em determinado local e em um determinado espaço de tempo.

Esse elemento não significa a necessidade de comparecimento diário ao local de trabalho. O exemplo mais comum de reconhecimento de vínculo empregatício em tais circunstâncias é o das faxineiras ou diaristas.

Frente às considerações resumidamente apresentadas aqui, não resta dúvida de que o relevo e a importância que a relação de trabalho adquire na sociedade preocuparam o legislador, de tal forma que essa relação jurídica está sob a proteção da CLT, através de previsão legal em que se denota o caráter protetivo do Estado na regulação da relação empregado/empregador (trabalho/capital), deixando pouco espaço à vontade das partes.

Nesse sentido, há que se destacar as disposições contidas no art. 442, *caput* da CLT, que definem: "Contrato individual de trabalho é o acordo tácito ou expresso, correspondente à relação de emprego".

O contrato expresso poderá desdobrar-se em escrito e oral, sendo este último menos utilizado pelas empresas, sobretudo em virtude da dificuldade em se produzir a prova judicial de sua existência, na hipótese de eventual litígio.

2. Contrato de terceirização

A terceirização pressupõe um contrato de prestação de serviços ou transferência de atividades e tecnologia, cujas características são diferentes do contrato de emprego. O contrato de terceirização sempre envolverá pessoas jurídicas, tendo, de um lado, a tomadora e, do outro, a executora das atividades, que pode ser uma empresa mercantil ou uma cooperativa de trabalho. O que importa para a empresa contratante é o resultado final: compram-se serviços ou produtos, e não o trabalho de alguém em especial.

Os tribunais do trabalho têm-se posicionado nesse sentido, frisando reiteradamente o caráter não-subordinativo ou pessoal do negócio jurídico que envolve a prestação de serviços terceirizados. Nesse caso, o centro do contrato é a compra do resultado do serviço. Existindo as características do contrato de emprego na relação de fato existente e a constatação de que ocorreu mera locação de mão-de-obra, em que o que se pretendia era a contratação de "trabalhadores" e não de "resultados", estará caracterizado negócio jurídico simulado, estabelecendo-se o vínculo empregatício do recurso humano diretamente com o tomador dos serviços.

Assim, a contratante não pode ter qualquer tipo de ingerência em relação aos recursos humanos da contratada, porque os trabalhadores envolvidos na atividade são diretamente subordinados a esta última, que é a legítima empregadora. No caso das cooperativas de trabalho, não existe a subordinação jurídica da força de trabalho nem mesmo à contratada, uma vez que o cooperativismo pressupõe a associação de trabalhadores autônomos, sem que haja vínculo empregatício com a entidade.

Uma vez que a terceirização pressupõe uma relação contratual de natureza civil e comercial, com regras distintas das aplicadas na relação de emprego, devem ser observadas na contratação as características que distinguem o contrato de emprego do contrato de prestação de serviços ou da transferência de atividades, evitando-se que se configure, na prática, uma relação de emprego e que se verifique a ilegalidade da terceirização.

CLASSIFICAÇÃO DAS ATIVIDADES EMPRESARIAIS

A tendência de fusões e privatizações deflagradas no Brasil trouxe práticas absorvidas da cultura dos países que aportam seu capital em solo nacional. Entre elas, está a terceirização, como já se viu, uma ferramenta consagrada nos países do Primeiro Mundo, que alavanca o processo de mudança cultural, inserindo-se no contexto das relações humanas e tornando-se geradora de uma redefinição de conceitos, em direção à tendência de substituição da idéia de "emprego" pela de "trabalho/serviço".

Contribui para essa tendência o engessamento da relação capital/trabalho, que inibe a celebração de um contrato mais inteligente e flexível entre empregador e empregado, reflexo natural de uma legislação cujo expoente maior, a Consolidação das Leis do Trabalho, data de 1943. Gera-se, assim, um fortalecimento da busca de alternativas para fugir do embate de forças que envolve patrões e empregados. Entre essas alternativas, talvez a principal seja o aumento da contratação de pessoas jurídicas (relação empresa-empresa) em detrimento da contratação de pessoas físicas (relação empresa-trabalhador).

Do ponto de vista dos trabalhadores, o desafio é conseguir que a multiplicidade de postos de trabalho gerados pelo segmento de serviços não esteja acompanhada de supressão de direitos sociais e perda do poder aquisitivo da renda auferida de seu trabalho, as reclamações mais freqüentes dos trabalhadores diretamente envolvidos em processos de terceirização.

Todavia, a prática da terceirização, ainda que consagrada na comunidade empresarial, sofreu restrições jurídicas, fiscais e sindicais, devido à inexistência de regulamentação na legislação, ao desconhecimento técnico de alguns formadores de opinião e à implantação inadequada pelas próprias empresas. O Poder Judiciário, chamado a dirimir os conflitos de interesse originados no trabalho, por força das disposições constitucionais previstas no art. 114 da Constituição Federal, enfrentou a questão, culminando com a edição do Enunciado de Súmula nº 331 do TST no final de 1993.

Por se tratar de ferramenta que se desenvolve a partir da necessidade de evolução nas relações sociais, aí compreendidas aquelas fundamentais à sobrevivência das organizações, o processo de aceitação da terceirização foi lento, progressivo e aberto a diversas interpretações, em especial no âmbito do Judiciário.

No primeiro momento, uma parcela significativa do Judiciário Trabalhista entendia que as atividades passíveis de serem delegadas a terceiros pelas empresas se restringiam àquelas regulamentadas e de apoio, que não agregavam valor ao negócio, como vigilância, transporte de valores, limpeza e conservação. Outras atividades eram classificadas como indelegáveis a terceiros, sendo a relação de prestação de serviços, na maioria das vezes, julgada fraudulenta.

Considerando-se o crescente número de conflitos de interesse envolvendo trabalhadores e empresas, nos quais a discussão se centrava em processos de terceirização, o Judiciário Trabalhista foi forçado a unificar seu entendimento, padronizando sua compreensão a respeito da matéria. Dessa necessidade surgiu, no final de 1993, o Enunciado de Súmula nº 331 do TST, que se tornou a "regra do jogo" da terceirização. Diz o enunciado, em seu inciso III, que a terceirização é legal, desde que esteja restrita à *atividade-meio* do tomador e não fique configurada relação de emprego.

Ao trazer essa definição, o Poder Judiciário ampliou o foco de discussão e provocou um acalorado debate, até agora sem conclusão, sobre o que são atividades-meio e quais as suas extensão e importância para o julgamento da legalidade da relação. Diante da relevância que a natureza das atividades passou a deter no que tange à sua caracterização como "meio" ou "fim", torna-se imprescindível a classificação das atividades desenvolvidas pelas organizações, de modo a poder enquadrá-las adequadamente.

Em nossa experiência como consultores, nossa participação em processos de terceirização em empresas dos mais variados ramos de atividades e nossa visão de analistas da evolução de tendências do Poder Judiciário permitiram-nos elaborar a classificação a seguir, que tem recebido consistente respaldo nas decisões judiciais. Vale destacar o pioneirismo dessa classificação, publicada pela primeira vez em *Quarteirização – Redefinindo a Terceirização* (Saratt et al., 2000).

As atividades empresariais podem ser classificadas em três grupos:

1. *Atividade-meio de apoio:* é aquela que não agrega valor à produção ou ao negócio do tomador de forma direta. Trata-se, evidentemente, de serviço necessário, mas facultativo, e não de algo essencial. Partindo-se, a título de exemplo, de uma empresa mon-

tadora de automóveis, poderíamos citar como atividades-meio de apoio serviços como conservação e manutenção predial, limpeza, vigilância, refeitório, transporte de funcionários, serviços advocatícios, etc.

2. *Atividade-meio essencial:* trata-se do serviço ligado operacionalmente ao negócio ou empreendimento, vinculado, em sentido amplo, ao fornecimento de matéria-prima, ou seja, às atividades sem as quais não pode existir o produto final: insumos, componentes ou até mesmo partes do processo produtivo. A empresa pode optar entre produzir esses itens diretamente, contratar serviços de terceiros, fornecendo a matéria-prima para produzi-los, ou adquiri-los no mercado. No exemplo da montadora, seriam atividades relacionadas ao fornecimento de componentes necessários à montagem dos automóveis, como pneus, motor, chassi e volante.

3. *Atividade vocacional ou atividade-fim:* é aquela relacionada diretamente com o negócio e, segundo o entendimento jurisprudencial predominante, não pode ser terceirizada, devendo ser realizada diretamente. Constitui o *know-how* da empresa, no qual reside o seu diferencial competitivo e o modo como ela se apresenta ao mercado. No exemplo enfocado, as atividades-fim representariam aquelas ligadas à tecnologia, ao desenvolvimento da marca e à montagem.

Essa classificação de atividades poderá sofrer alteração de natureza e de enquadramento a partir da análise do caso concreto e da forma de apresentação da empresa no mercado (negócio vocacional). A mudança na faixa de classificação ocorrerá, principalmente, entre atividade-meio essencial e atividade-fim. Por exemplo: fábrica de automóveis × montadora de automóveis, fábrica de calçados × montadora de calçados.

O fato de determinadas atividades serem normais ou permanentes não interfere na classificação de atividade-fim; o único critério relevante para tal definição é a inserção da atividade na vocacionalidade do negócio.

LIMITES IMPOSTOS PELO JUDICIÁRIO TRABALHISTA

A Súmula nº 331 do TST

A terceirização, conforme entendemos e destacamos anteriormente, já é uma prática consolidada no mundo empresarial. No entanto, sofreu uma série de resistências, sobretudo no âmbito do Judiciário Trabalhista, por inexistir um regramento legal específico sobre a matéria. Coube ao Tribunal Superior do Trabalho (TST), órgão máximo da Justiça do Trabalho, disciplinar através da edição de um enunciado de súmula tal espécie de ferramenta de gestão. Com esse procedimento, o TST demonstrou sensibilidade à evolução das relações socioeconômicas e à forte tendência mundial de globalização.

Por se tratar de compra de serviços, deverão ser observados todos os requisitos que atestam a legalidade dessa modalidade de contratação, expressos na Súmula nº 331 do TST, publicada no final de 1993 e parcialmente modificada no final de 2000, através da Resolução nº 96/2000 do TST.

Salvo melhor juízo, o correto entendimento das disposições da Súmula nº 331 é fundamental para a compreensão da terceirização. Observamos que muitos empresários e dirigentes sindicais, assim como estudiosos do Direito e, inclusive, alguns dos que têm a incumbência de julgar as relações trabalhistas, vêm interpretando de maneira equivocada o texto da súmula, incorrendo em erros conceituais e de aplicação da regra. Analisaremos a seguir cada um dos quatro incisos da súmula a fim de tornar mais claro o posicionamento que julgamos adequado sobre o tema.

1. Inciso I

"A contratação de *trabalhadores* por empresa interposta é ilegal, formando-se o vínculo diretamente com o tomador dos serviços, salvo no caso de trabalho temporário (Lei nº 6.019, de 03/01/74)." (grifo nosso)

A regra prevista no inciso I do Enunciado nº 331 repete, quase literalmente, as disposições contidas na superada Súmula nº 256 do TST. É um equívoco aplicar esse inciso ao fenômeno da terceirização, uma vez que, na verdade, ele se refere à *contratação de trabalhadores*. Como terceirizar significa *comprar serviços* de forma contínua, e não *locar a força do trabalhador*, aqui se entende que não se encontra a regra da terceirização típica.

A locação de mão-de-obra é ilegal (Código Civil, art. 69), constituindo-se na chamada intermediação da força laborativa ou *merchandage*, procedimento condenado pela Justiça do Trabalho. Nesse tipo de relação, o intermediário obtém colocação para o trabalhador e, em virtude disso, retira dele parte de sua remuneração. Nesse caso, o trabalhador é tratado como mercadoria. Não bastasse ser ilegal, tal procedimento é repudiado pela sociedade, cujo princípio primordial é a busca da melhoria das condições de vida de seus integrantes.

Diante desses aspectos, parece claro que o inciso I não trata da terceirização, e sim da figura nefasta da locação de mão-de-obra. Constatando o Judiciário a ocorrência de tal situação, haverá a condenação da suposta tomadora de serviços, declarando-se esses trabalhadores seus empregados, não importando o *rótulo* da relação. A única hipótese de legalidade da locação de mão-de-obra é a contratação temporária de trabalhadores, feita normalmente através de empresas que se dedicam a essa atividade, também chamadas de fornecedoras ou locadoras de mão-de-obra (Lei nº 6.019/74).

2. Inciso II

"A contratação irregular de trabalhador, através de empresa interposta, não gera vínculo de emprego com os órgãos da Administração Pública Direta, Indireta ou Fundacional (art. 37, inciso II, da Constituição da República)."

As disposições contidas no inciso II, da Súmula nº 331, tem sido objeto de intenso e acalorado debate no meio trabalhista, culminando com a revisão do inciso IV do enunciado, bem como com a publicação da recente Súmula nº 363, que reitera a impossibilidade de contratação de servidor público sem concurso público e que fixa o entendimento da máxima corte trabalhista acerca dos reflexos econômicos em relação aos trabalhadores irregularmente contratados.

A redação do inciso II veio ao encontro de antigo anseio da administração pública, cujos cofres restavam significativamente combalidos por força das severas condenações trabalhistas advindas de processos judiciais, movidos por trabalhadores de empresas contratadas pelo poder público, nocivas ao interesse do Estado e ao erário público.

Portanto, a hipótese prevista nesse inciso tem o objetivo de resguardar os órgãos da administração pública direta, indireta ou fundacional. Sua intenção é barrar o ingresso indesejado na carreira pública de trabalhadores de terceiros, de maneira que não façam jus aos benefícios atinentes aos integrantes dos órgãos da administração pública, ainda que sua contratação ou relacionamento tenham ocorrido de maneira irregular. A referida disposição segue o que determina o inciso II, do art. 37 da Constituição Federal: "A investidura em cargo ou emprego público depende de aprovação prévia em concurso público (...)".

3. Inciso III

"Não forma vínculo de emprego com o tomador a contratação de serviços de vigilância, de conservação e limpeza, bem como a *de serviços especializados ligados à atividade-meio do tomador, desde que inexistente a pessoalidade e a subordinação direta* (Lei nº 7.102, de 20/6/83)." (grifo nosso)

Em relação ao inciso III da Súmula nº 331 do TST, deve-se dizer que, ao contrário dos dois primeiros, que centram sua atenção na intermediação de mão-de-obra, ele trata da *contratação de serviços*. Portanto, aqui está a regra da terceirização.

É esse inciso que autoriza a terceirização ao informar, em outras palavras, que não pode ser considerado empregado do tomador o trabalhador de empresa prestadora de serviços especializados ligados à atividade-meio, desde que realize suas tarefas sem subordinação direta nem pessoalidade.

A contratação de serviços de vigilância (Lei nº 7.102/83) e de conservação e limpeza já vinha, desde longa data, sendo praticada pela comunidade empresarial e aceita pelo Judiciário Trabalhista, não justificando maiores comentários.

Considerando-se ser o inciso III o "passaporte" para a terceirização de serviços de forma ampla, é natural que seja o provocador de maiores debates, polêmicas e discussões, especialmente em relação ao conceito e à extensão do que sejam serviços especializados; atividade-meio e atividade-fim; ausência de pessoalidade e subordinação direta.

3.1 Serviços especializados

A caracterização dos serviços especializados está calcada na presença dos seguintes requisitos: previsão no contrato social da empresa prestadora, identificação com o objeto da contratação, execução das atividades com qualificação e autonomia técnica e exigência de certo *know-how*.

3.2 Atividade-meio e atividade-fim

Não resta dúvida de que, na análise e na distinção acerca do que sejam atividades-meio e atividades-fim, encontra-se o foco mais acalorado do debate. Isso ocorre porque é extremamente difícil, sobretudo na apreciação de casos concretos, identificar onde termina a atividade-meio e onde começa a atividade-fim de determinada organização.

Muitos especialistas na matéria justificam pela essencialidade do serviço contratado seu enquadramento como atividade-fim, o que, nos parece, induz a equívocos de interpretação. Partindo-se da análise da essencialidade, inviabilizar-se-ia qualquer tipo de terceirização, pois, afinal, mesmo as atividades de manutenção, assim como o transporte de matéria-prima, são essenciais a qualquer empresa, mas nem por isso podem ser consideradas atividades-fim.

Entende-se a esse respeito que atividade-fim é aquela ligada direta e umbilicalmente ao negócio principal da empresa, representando sua vocação. Assim, a identificação da atividade-fim não guarda relação obrigatória com o conceito de essencialidade.

Compreende-se o esforço no sentido de se encontrar um critério justo, que traga segurança às partes, para identificação do que sejam atividades-fim e atividades-meio. Entretanto, parece fundamental que se amplie o foco da discussão, questionando-se a real necessidade de debater o requisito atividade-meio quando do julgamento da terceirização de serviços. O conjunto de indagações que apresentamos reflete nossa posição sobre o tema.

a) Será necessária e imprescindível, para o julgamento da regularidade e legalidade da terceirização de qualquer processo produtivo, a identificação de quais são as atividades-fim e as atividades-meio?

b) A Justiça do Trabalho é um foro especializado, cujas limitações de atuação estão dispostas na Constituição Federal (art. 114), não autorizando a análise cível e comercial das atividades desenvolvidas pelos agentes econômicos (empresas). Sendo assim, por que teria ela a faculdade de examinar a intimidade empresarial estranha à relação capital-trabalho, verificando ou sugerindo quais etapas da produção de uma empresa são atividades-fim ou atividades-meio?

c) Não existindo fraude, ingerência, subordinação jurídica ou direta, nem havendo lesão aos recursos humanos e ao Estado, e considerando-se que o serviço é especializado e realizado por empresa idônea, poderá o julgador laboral fulminar por ilegalidade a relação somente por estar o serviço, em seu entendimento, vinculado à atividade-fim da empresa tomadora?

d) Considerando-se que o conceito de atividade-fim ou atividade-meio tem sua aplicação adstrita às demais ciências convergentes ao Direito, entre elas a Administração e a Economia, não possuindo qualquer carga de natureza jurídico-trabalhista, não estaria a expressão atividade-meio deslocada do contexto da própria súmula e das lentes da Justiça do Trabalho?

e) Não estaria o juiz do Trabalho, ao condenar a terceirização apenas por avançar na atividade-fim, ferindo a Constituição Federal, que, no parágrafo único do art. 170, assegura o livre exercício da atividade econômica sem interferência ou autorização de órgãos públicos?

Diversos juristas comungam do entendimento de que o critério de relacionamento com a atividade-meio e a atividade-fim não é definidor da legalidade ou ilegalidade da terceirização. Dentre esses doutrinadores, podemos citar Sérgio Pinto Martins (2000, p. 121):

"(...) certas atividades-fins da empresa podem, porém, ser terceirizadas, principalmente se envolvem a produção, como ocorre com a indústria automobilística, ou na compensação de cheques, em que a compensação pode ser conferida a terceiros, por envolver operações interbancárias".

Também Reginaldo Melhado (1996, p. 1326) refere-se brilhantemente à questão:

"A 'interpretação' da Súmula vem ensejando divergências quanto ao conceito de atividade-fim e atividade-meio. Segundo mostra Amorim Robortella, na Argentina duas correntes contendem acerca da matéria: a que adota orientação restritiva, reputando a atividade principal apenas aquela ligada íntima e essencialmente ao objeto da empresa, e a ampliativa, que leva em conta o processo produtivo em sua íntegra e abrange também serviços secundários, como limpeza e segurança. Segundo estudos citados pelo autor, a corrente ampliativa encontra mais adeptos.

Um exemplo típico do dilema em que a definição de atividade-fim se inscreve é dado pela indústria automobilística: as montadoras adquirem de outros fabricantes inúmeras peças e acessórios (volante de direção, bancos, instrumentos, faróis, etc.). Se o objetivo primordial da empresa é a fabricação de veículos, e se um veículo não pode trafegar sem volante, bancos e faróis, a indústria automobilística está terceirizando etapas de produção ligadas à sua atividade-fim. Nem por isso, alguém pode sustentar com razoabilidade que o procedimento das montadoras é ilegal. Não o é".

José Janguiê Bezerra Diniz, em artigo publicado na *Revista Repertório IOB de Jurisprudência* (1997, p. 12), manifesta-se da seguinte maneira:

"O item III do citado Enunciado só considera possível a terceirização ou subcontratação fora dos casos disciplinados nas Leis nº 6.019/74 e nº 7.102/73, além dos serviços de conservação e limpeza, aqueles concernentes à atividade-meio do tomador, desde que sejam especializados e quando inexistirem a pessoalidade e a subordinação direta. Discordamos em parte do presente disciplinamento. É que as características básicas da terceirização ou subcontratação dos serviços são: a) especialização do trabalho; b) direção da atividade pelo fornecedor; c) a sua idoneidade econômica; d) inexistência de fraude. Presentes esses elementos, estamos com Luis Carlos Amorim Robortella, que considera perfeitamente lícita a terceirização de qualquer parte do sistema produtivo, pouco importando se os serviços são realizados no estabelecimento da fornecedora ou da tomadora, ou se se trata de atividade-fim, essencial ou primordial da empresa (foco) ou atividade-meio (acessório ou de apoio). Admitir-se a terceirização apenas na atividade-meio seria o mesmo que inadmiti-la, porquanto, na maioria das vezes, se torna impossível fazer esta distinção".

Para os três juristas citados, a legalidade ou a ilegalidade da prática da compra de serviços terceirizados não está relacionada à natureza do serviço como meio ou fim, e sim à forma como é praticada, mormente a inexistência de fraude aos trabalhadores, ingerência, subordinação, inidoneidade econômica do prestador, entre outras situações.

Um grande número de decisões judiciais também vem demonstrando que esse entendimento é de ampla aceitação entre os magistrados. O acórdão transcrito a seguir exemplifica essa linha de pensamento.

"**Ementa:**

Ação civil pública. Terceirização.

Condenação imposta sob fundamento de serem os serviços terceirizados permanentes e indispensáveis à consecução dos objetos da empresa. Prova pericial apta a ensejar seguro critério de separação das atividades principais (atividade-fim) e indelegáveis das atividades de apoio (atividades-meio) terceirizadas. A exegese do art. 3º da CLT. Se, em tese, é possível terceirizar todos os serviços delegados a terceiros na recorrente – inexistente a evidência de fraude à legislação tutelar –, constitui violência e manifesta interferência na sua autonomia de gestão obrigá-la, genericamente, a contratar empregados diretamente para tais tarefas, a par da imposição de contratação direta de trabalhadores, para todos os postos de trabalho existentes na planta industrial e junto ao terminal de Rio Grande, implicar o desmonte de toda a estrutura econômica e de trabalho ali consolidada, com a falência das dezenas de pequenas empresas prestadoras dos serviços e imediata dispensa de centenas de trabalhadores. Invocação ao art. 8º da CLT. Improcedência da ação. RECURSO PROVIDO. (Acordão da 1ª Turma do TRT – 4ª Região – REO – 00807.010/93-6 – Publicado em 22/03/00 – Juíza Relatora Carmen Camino.)"

Além dos argumentos acima, a prática da terceirização, referida no Capítulo 1, demonstra que a Súmula nº 331, que completa 15 anos, necessita de revisão. É preciso adaptar seu regramento à realidade, a fim de dar maior segurança jurídica às partes, centrando seu foco de legalidade na existência de prestação de serviços especializados e na inexistência de requisitos do vínculo de emprego, porém afastando a análise sob o ponto de vista de atividade-meio e atividade-fim.

Em nosso entender, também a atividade-fim poderá ser contratada com sustentação jurídica como uma nova modalidade de terceirização, denominada transferência de atividades e tecnologia, tal como vimos no Capítulo 2.

3.3 Ausência de pessoalidade e subordinação direta

É necessário frisar que a existência da pessoalidade ou subordinação direta transforma o contrato de terceirização (celebrado com empresas ou cooperativas) em um autêntico contrato de emprego, independentemente do exame de quaisquer outras circunstâncias anteriormente elencadas. Isso se deve ao fato de serem a pessoalidade e a subordinação direta, esta também chamada de subordinação jurídica, os elementos caracterizadores da relação empregatícia.

Também é fundamental destacar que a subordinação jurídica difere da subordinação contratual e da subordinação legal. Aqui, não raras vezes, falta aos estudiosos fazer a devida distinção. Subordinar contratualmente significa exigir o cumprimento das cláusulas contratuais, em especial das normas técnicas e operacionais em relação aos serviços contratados. Já a subordinação legal permite que o tomador ou contratante monitore e exija que a empresa executante cumpra as obrigações previstas em lei, como, por exemplo, o recolhimento dos encargos previdenciários, o recolhimento do FGTS e demais direitos de seus empregados e o cumprimento da legislação que dispõe sobre segurança, engenharia e medicina do trabalho.

Nesse sentido, é importante destacar que o fato de a empresa tomadora monitorar (auditar) o pagamento das obrigações das empresas terceirizadas perante seus funcionários não representa subordinação jurídica ou intervenção na autonomia do prestador de serviços. Ao contrário, é um meio de garantir a inexistência de lesão aos recursos humanos, um dos princípios da Súmula nº 331 e do próprio direito do trabalho.

A presença da subordinação contratual e legal é admitida quando do julgamento da legalidade da contratação.

4. Inciso IV

"O inadimplemento das obrigações trabalhistas, por parte do empregador, implica a responsabilidade subsidiária do tomador dos serviços quanto àquelas obrigações, inclusive quanto aos órgãos da administração direta, das autarquias, das fundações públicas, das empresas públicas e das sociedades de economia mista, desde que este tenha participado da relação processual e conste também do título executivo judicial."

É importante destacar que, no que tange à redação transcrita, diversamente dos incisos anteriores, o inciso IV refere-se às conseqüências de natureza econômica, e não jurídica.

Antes de sua edição, o entendimento usual era o de que o reflexo econômico da condenação por prática inadequada da terceirização acarretava a condenação solidária da tomadora, ou seja, tanto a contratada quanto a contratante eram consideradas igualmente responsáveis pelo pagamento da eventual condenação. Na prática, por ser a contratante, em regra, mais forte economicamente do que a executora, a contratante passava a ser a pagadora.

Ao transformar a condenação solidária em subsidiária, o inciso IV inovou significativamente, trazendo a possibilidade de atenuar ou de quase eliminar para a empresa contratante o reflexo econômico em caso de prática inadequada do terceiro. Diferentemente da responsabilidade solidária, a responsabilidade subsidiária acarreta a condenação da contratante como devedora complementar, e não principal. Dessa forma, o ônus econômico somente recairá sobre ela caso o débito não seja pago pelo terceiro. Fica claro, portanto, que a responsabilidade principal passou a ser sempre da executora.

Em 2000, o TST alterou a redação desse inciso, passando a incluir o ente público como responsável subsidiário pelos débitos trabalhistas, na hipótese de inadimplemento do contrato pela empresa terceirizada. Essa decisão consagrou a tese de que o ente público não deverá se eximir da responsabilidade trabalhista, ainda que de forma subsidiária, na hipótese de contratação de terceiro que não cumpriu com suas obrigações trabalhistas, quer pela escolha inadequada do parceiro – culpa *in eligendo* –, quer pela má condução e monitoramento da execução do contrato – culpa *in vigilando*. A questão da culpa é justamente o que fomenta a necessidade de a empresa contratante monitorar o cumprimento das obrigações trabalhistas, fiscais e previdenciárias das empresas contratadas para com seus empregados.

Outra novidade no ambiente público foi a edição da Súmula nº 363 do TST, responsabilizando o erário pela contratação de servidor público sem prévia aprovação em concurso público.

9

O DESENVOLVIMENTO DA TERCEIRIZAÇÃO NA ÁREA DE RH

Luiz A. Ciocchi

Para falar da terceirização em recursos humanos (RH) no Brasil, temos que rememorar um pouco o desenvolvimento da própria área para entender como esta se iniciou e como foi o seu desenvolvimento. Peço licença para contar um pouco da minha história profissional na área de RH (quando não existia terceirização), interligá-la com o surgimento da terceirização e depois explorar o seu desenvolvimento.

Comecei minha carreira profissional no início da década de 60 como aprendiz (*office-boy*) no Departamento de Pessoal (DP) de uma empresa. Minha função era buscar café, entregar correspondência pelas dependências da fábrica e auxiliar os profissionais do DP nas suas tarefas, que consistiam basicamente em recrutar, admitir/demitir, controlar as férias e fazer a folha de pagamento.

A folha de pagamento era feita manualmente, num formulário com sete vias intercaladas por papel carbono, e era datilografada numa máquina Remington de 120 espaços. Minha função era ditar para o Zé Café, um exímio datilógrafo, os dados que deveriam constar no formulário, como chapa do empregado, departamento a que pertencia, nome, quantidade de horas normais e seu respectivo valor, quantidade de horas extras e valor correspondente, valores dos descontos (adiantamentos, gastos no armazém, etc.) e, finalmente, o total líquido a pagar. Depois disso eu ajudava no envelopamento, pois os pagamentos eram feitos em dinheiro. Não chegava a transportar o numerário para o pagamento, porque era "de menor", conforme a expressão da época.

Todas as funções de um departamento de pessoal eram executadas por uma equipe própria da empresa, e não se conhecia a palavra terceirização.

O tempo passou e, em 1968, eu já tinha trabalhado em mais duas empresas, também no DP. Um pouco mais "tarimbado", estava na minha quarta empregadora, a Siderúrgica Aços Anhanguera (atual Villares), em Mogi das Cruzes, distante 60 km da Capital de São Paulo. Lá eu ocupava a função de encarregado de pessoal. Naquele ano, tomamos conhecimento de que a folha de pagamento poderia ser "rodada" fora da empresa, o que já estava sendo feito por algumas empresas mais "avançadas", e esse movimento começou a se propagar nos DP.

Partimos para fazer uma pesquisa e, depois, a experiência. A empresa que iniciou o movimento da terceirização da folha de pagamento no Brasil foi a Proconsult, com um computador IBM *mainframe* instalado na sua sede, na Rua Major Sertório, em São Paulo. A empresa que contratava o serviço para "rodar a folha" passava o cadastro de todos os empregados para o armazenamento na memória do *mainframe*.

Depois, o processamento da folha de pagamento se dava com o preenchimento de todos os dados de cada empregado (horas normais, horas extras, descontos de adiantamentos, etc.) nas planilhas fornecidas pela Proconsult. Esses dados eram levados ao local onde estava instalado o *mainframe* e aí eram processados, muitas vezes de madrugada. Após essa espera, voltávamos à empresa para fazer a "consistência" dos dados e, por fim, retornávamos para a sede da Proconsult, em São Paulo, para o processamento final da folha de pagamento e a emissão dos *holerites* de cada empregado.

Nesse período, os pagamentos já eram depositados em contas bancárias para grande parte dos empregados, que possuíam conta corrente. Durante a década de 70, (poucas) empresas de terceirização de folha de pagamento entraram na disputa desse mercado. Ainda estávamos no regime da "reserva de mercado da informática" e o desenvolvimento da informática foi muito pouco expressivo, pois a IBM dominava o mercado mundial e possuía 75% do mercado brasileiro.

Na década de 80, quando a IBM se rende aos PCs, é que começam a transformação e o crescimento do mercado de terceirização através de empresas de *softwares* para a área de RH. Muitas empresas que estão no mercado atualmente foram criadas nessa década.

Ainda nesse estágio, os produtos que eram oferecidos ao mercado não puderam se expandir, pois vivíamos a crise das telecomunicações: em 1987, o Brasil tinha 12,5 milhões de telefones para 141 milhões de habitantes, portanto os sistemas que eram desenvolvidos tinham muita dificuldade de interatividade.

Na década de 90, durante o Governo Collor, ocorreram a queda da reserva de mercado da informática, em 1992, a explosão da Internet no mundo, a mudança do modelo de telecomunicações no Brasil, em 1995, o lançamento do celular digital com tecnologia TDMA, em 1996 e o lançamento da banda larga pela Telefônica, em 1999. Posso afirmar que foram esses os principais fatores que fizeram as empresas se lançarem no mercado da terceirização no Brasil e tentarem reduzir o espaço que nos separava de outros países que tiveram um desenvolvimento mais acelerado.

O modelo adotado a partir da década de 90, que se acentuou, e muito, na década seguinte, fez com que o País e as organizações aqui instaladas ingressassem na era da globalização, onde as empresas procuram cada vez mais ser competitivas no mercado mundial.

As áreas de RH, por sua vez, tiveram que acompanhar esse movimento e passaram a ter uma visão mais estratégica do negócio da sua empresa. Anteriormente, o executivo de RH só sabia falar de RH. Hoje, a preocupação dos executivos de RH tem sido implantar e administrar modelos de gestão de RH que contemplem modelos de remuneração avançados e flexíveis, políticas atrativas de benefícios, avaliação por competências, treinamento e desenvolvimento dos colaboradores, programas de retenção de talentos; clima de satisfação dos colaboradores para com a empresa, envolvimento com programas de sustentabilidade, envolvimento com programas comunitários, fazer apresentações da sua organização procurando abordar: o negócio, os cenários atual e futuro, o desenvolvimento, fatores de preocupação, etc. para o mundo externo. Portanto, Recursos Humanos vive um momento de transformação, no qual mais do que efetuar a gestão de pessoas, tem que estar alinhado com as estratégias de negócios e as metas corporativas.

Tem-se notado que um expressivo número de executivos de RH vem participando dos planos estratégicos de suas organizações e na estrutura organizacional estão subordinados diretamente ao presidente. Não se pode afirmar que esse estágio está presente em todas as organizações, mas é uma tendência que cada vez mais as empresas estão exigindo dos executivos de RH.

O RH APÓS A TERCEIRIZAÇÃO

Hoje, grande parte das empresas já terceiriza os serviços tradicionais (operacionais) da área de RH, como:

- recrutamento e seleção de pessoas sem deficiências, pessoas com deficiências, aprendizes, estagiários e *trainees*;
- administração de pessoal, que compreende processamento de folha de pagamento, controle de freqüência, controle e cálculo de férias, cálculos de rescisão de contrato de trabalho, entrevista de desligamento, homologações, cálculo e recolhimento de encargos;
- prevenção de riscos trabalhistas com terceiros, para evitar que a organização seja solidária num processo de reclamação trabalhista do empregado da empresa terceirizada;
- gestão do contencioso trabalhista de terceiros e ex-empregados;
- gestão de benefícios, que inclui todo o trabalho burocrático (cadastramento, troca de plano, troca de carteirinha, etc.) para atender à política de benefícios da organização;
- gestão de treinamento e *e-learning*, que compreende a parte operacional do controle e da logística, (local, instrutores, etc.) do treinamento;
- gestão e administração dos benefícios previdenciários, que compreende a interface e o relacionamento com o INSS, acompanhamento dos empregados afastados e gestão do afastamento;
- gestão em saúde ocupacional, que compreende avaliação de saúde ocupacional e elaboração do PCMO, criação de programas de saúde e qualidade de vida, realização de ações educativas, preventivas e corretivas, além de assistência nos processos junto ao Poder Judiciário;
- gestão em segurança do trabalho, que compreende elaboração de procedimentos e normas técnicas de segurança do trabalho (PPRA), laudos técnicos (LTCAT, laudos de ruído, ergonomia, etc.) e PPP,

criação de CIPA e brigada de emergência, gestão de performance de SST de empresas terceirizadas, além de assistência nos processos no Poder Judiciário;

➤ gestão de expatriados, que compreende obtenção de vistos e documentos necessários no Brasil, apoio logístico para mudança, suporte para matrícula dos(das) filhos(as) em colégio, preparação da declaração do imposto de renda.

Essas são as principais atividades que podem (e devem) ser terceirizadas. Essa lista não se esgota, pois, de acordo com o estágio de cada empresa, ela pode ser acrescida de outras atividades. O país é muito pobre em dados estatísticos nesse segmento, mas podemos nos valer de alguns dados paralelos para ter uma idéia do mercado de terceirização no Brasil e compará-lo com outros mercados.

O Ministério do Trabalho e Emprego (MTE) trabalha com o número de 33 milhões de trabalhadores com carteira assinada no País e de 16.500 empresas com mais de 250 empregados, que representam o mercado potencial para a terceirização de processos de RH, sendo que só no Estado de São Paulo estão aproximadamente 45% desse total.

Estima-se que apenas 980 empresas, sendo 40% no Estado de São Paulo, possuem serviços de RH terceirizados, o que representa 5,9%. Se comparado com os números do mercado americano, com 38%, e da Europa, com 29%, verificamos que o mercado brasileiro tem muito a crescer nessa área nos próximos anos. Acrescente-se a esses dados a complexidade da legislação trabalhista/previdenciária frente aos países mencionados para reafirmarmos a perspectiva de crescimento desse segmento.

Para terminar, gostaria de destacar o movimento que está sendo conduzido pelos principais atores do desenvolvimento produtivo do País pela aprovação do Projeto-de-Lei nº 4.502, que viria regulamentar a atividade da terceirização. Este movimento tem como foco a aprovação do Projeto como foi aprovado no Senado Federal e tentar reverter as modificações que este sofreu na Câmara dos Deputados.

Essa regulamentação, se aprovada, elimina a discussão do que é atividade-fim e atividade-meio na terceirização e será um marco para que a terceirização possa se expandir no País.

Acredito que pude registrar e dar o meu testemunho de como a área de RH poderá se utilizar da terceirização e alcançar maior relevância junto às organizações, pois, nos estágios que vivemos e viveremos, a gestão estratégica dos recursos humanos será o fator determinante do sucesso de qualquer organização.

Referências

BASTOS, C. R.; MARTINS, I. G. *Comentários à Constituição do Brasil (Promulgada em 5 de outubro de 1988)*. São Paulo: LTr, 1990.

DINIZ, J. J. B. O fenômeno da terceirização. *Revista Repertório IOB de Jurisprudência*, n. 1/97, p.12, caderno 2, 1ª quinzena jan. 1997.

MELHADO, R. Globalização, terceirização e princípio de isonomia salarial. *Revista LTr*, São Paulo: LTr, v. 60, n.10, 1.326, out. 1996.

MORAES, R. et al. Empresabilidade na gestão de serviços: o que as empresas devem saber para obter ganhos competitivos com a terceirização, a quarteirização e o relacionamento com cooperativas de trabalho.

PASTORE, J. *Encargos sociais: implicações para o salário, emprego e competitividade*. Curitiba: LTr, 2001.

PINTO, J. A. R. *Curso de direito individual do trabalho: noções fundamentais de direito do trabalho, sujeitos e institutos do direito individual*. São Paulo: LTr, 1993.

SARATT, N. et al. *Quarteirização: redefinindo a terceirização*. Porto Alegre: Badejo Editorial, 2000.

SARATT, N.; MORAES, R. P. *Cooperativas de trabalho: um diferencial inteligente*. Porto Alegre: Ipsis Litteris, 1997.

SAVIANI, J. R. *Empresabilidade: como as empresas devem agir para manter em seus quadros elementos com alta taxa de empregabilidade*. São Paulo: Makron Books, 1997.

SILVEIRA, A. et al. *Um passo além da terceirização: redefinindo a terceirização*. Porto Alegre: Badejo Editorial, 2002.

Sobre os Autores

Newton Saratt
- ➢ Consultor de empresas.
- ➢ Advogado com atuação na área do Direito do Trabalho, no interesse patronal, em negociações sindicais e intersindicais.
- ➢ Diretor da Saratt.
- ➢ Pós-graduado como especialista em Gestão Empresarial pela Universidade Federal do Rio Grande do Sul.
- ➢ Reconhecido nacionalmente pelo pioneirismo na implantação e sustentação jurídica da terceirização, da quarteirização e de cooperativas de trabalho, em especial nos aspectos de gestão, contratação legal e jurídico-trabalhista.
- ➢ Co-autor dos livros:
    - Terceirização passo a passo: o caminho para a administração pública e privada.
    - Descomplicando o contrato coletivo de trabalho.
    - Terceirização: uma alternativa de flexibilidade empresarial.
    - Cooperativas de trabalho: um diferencial inteligente.
    - Quarteirização: redefinindo a terceirização.
    - Um passo além da terceirização: a transferência de atividades e tecnologia.
    - Empresabilidade na gestão de serviços: o que as empresas devem saber para obter ganhos competitivos com a terceirização, a quarteirização e o relacionamento com cooperativas de trabalho
- ➢ E-mail: newton@saratt.com.br

Adriano Dutra da Silveira

- Consultor de empresas, com intensa participação na implantação e no gerenciamento de projetos de terceirização, quarteirização, gestão de risco da terceirização e no treinamento de executivos.
- Advogado com atuação na área do Direito do Trabalho, no interesse patronal.
- Pós-graduado como especialista em Gestão Empresarial pela Universidade do Vale do Rio dos Sinos.
- Diretor da Saratt.
- Co-autor dos livros:
  - *Quarteirização: redefinindo a terceirização.*
  - *Um passo além da terceirização: a transferência de atividades e tecnologia.*
  - *Empresabilidade na gestão de serviços: o que as empresas devem saber para obter ganhos competitivos com a terceirização, a quarteirização e o relacionamento com cooperativas de trabalho.*
- E-mail adrianodutra@saratt.com.br

Rogério Pires Moraes

- Advogado e consultor de empresas, com ampla atuação em negociações coletivas e com intensa participação em projetos de terceirização e quarteirização e no treinamento de executivos.
- Pós-graduado como especialista em Direito do Trabalho pela Universidade do Vale do Rio dos Sinos e em Gestão Empresarial pela Universidade Federal do Rio Grande do Sul.
- Diretor da Saratt.
- Co-autor dos livros:
  - *Cooperativas de trabalho: um diferencial inteligente.*
  - *Quarteirização: redefinindo a terceirização.*
  - *Um passo além da terceirização: a transferência de atividades e tecnologia.*

– *Empresabilidade na gestão de serviços: o que as empresas devem saber para obter ganhos competitivos com a terceirização, a quarteirização e o relacionamento com cooperativas de trabalho.*

➢ E-mail: moraes@saratt.com.br

Entre em sintonia com o mundo

QualityPhone:
0800-263311
Ligação gratuita

Rua Teixeira Júnior, 441
São Cristóvão
20921-405 – Rio de Janeiro – RJ
Tel.: (0XX21) 3295-9800
ou   3860-8422
Fax: (0XX21) 3295-9824

www.qualitymark.com.br
E-Mail: quality@qualitymark.com.br

Dados Técnicos

Formato: 16 x 23

Mancha: 12 x 19

Corpo: 11

Entrelinha: 13,5

Fonte: Zapft Humnst Bt

Total de Páginas: 112

Lançamento: Agosto 2008

Gráfica: Edil